왜 이런 모양일까? 2

원리가! 이유가! 재미가! 모두 모양에 담겨있다!

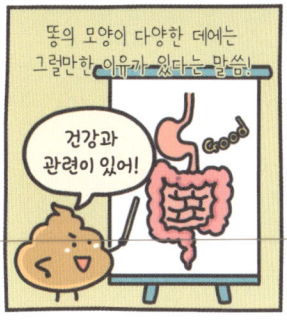

목차

원리가, 이유가, 재미가 모양에 있다!

Why?

- 01 **맨홀**은 왜 동그랄까? 004
- 02 **벌집**은 왜 육각형일까? 006
- 03 **팝콘**은 왜 이런 모양일까? 008
- 04 왜 **스티로폼**은 알갱이가 잔뜩 모여 만들어졌을까? 010
- 05 **똥**의 모양은 왜 다양할까? 015
- 06 **얼룩말**은 왜 얼룩무늬일까? 019
- 07 **화석**이 어떻게 완전한 사람 모양일까? 023
- 08 **감자튀김**은 어떻게 길쭉한 걸까? 028
- 09 **거울** 속 나와 **사진** 속 나의 얼굴은 왜 다를까? 030
- 10 **색약 테스트**는 왜 그런 모양일까? 033
- 11 **공중화장실** 칸막이와 문에는 왜 틈이 있을까? 036
- 12 **마름쇠**는 왜 삼각뿔 모양일까? 037
- 13 **테트라포드**는 왜 저렇게 생겼을까? 039
- 14 **커터칼**은 왜 날에 홈이 파여있을까? 042
- 15 **이빨 모양**은 왜 다를까? 043
- 16 **사랑니**는 왜 괴상망측하게 생겼을까? 046
- 17 **연고 뚜껑**은 왜 그럴까? 050
- 18 **콘택트렌즈**는 왜 눈동자 크기와 비슷할까? 051
- 19 **고드름**이 왜 거꾸로 자랐을까? 055
- 20 **로봇**을 왜 동물처럼 만들었을까? 059
- 21 **케첩 뚜껑**과 **마요네즈 뚜껑**은 왜 다를까? 061
- 22 **우유갑**은 왜 이런 모양일까? 063
- 23 **마스크**마다 왜 생김새가 다를까? 071
- 24 **뱀 혀**는 왜 두 갈래로 갈라졌을까? 079
- 25 **사람의 눈**은 왜 **흰자**가 뚜렷할까? 082
- 26 왜 **음식**에 **거품**을 끼얹었을까? 085
- 27 **드론 날개**는 왜 다양할까? 089
- 28 **손** 모양은 왜 사람마다 다를까? 094
- 29 **빗방울**은 왜 크기에 따라 모양이 달라질까? 097
- 30 삼각돛? 사각돛? **돛**은 왜 다를까? 099
- 31 **콘센트**는 왜 이런 모양일까? 102
- 32 **플러그**가 왜 ㄱ자 모양일까? 106
- 33 **콘센트 구멍**이 왜 45도로 돌아가 있을까? 108
- 34 **얼굴**은 왜 이런 모양일까? 110
- 35 동물의 몸은 왜 **좌우대칭**일까? 118

36	**자전거 헬멧**은 왜 엉뚱한 모양일까?	121
37	**벨크로**는 왜 두 면이 다른 모양일까?	124
38	**가드레일**은 왜 W 모양일까?	126
39	**떡국의 떡**은 왜 타원형일까?	128
40	**자르는 도구**는 왜 쐐기 모양일까?	130
41	**롤러코스터 레일**은 왜 뫼비우스의 띠 모양일까?	134
42	**클래식 공연장**은 왜 이런 모양일까?	138
43	**자동차** 앞쪽 철판은 왜 **격자** 모양일까?	142
44	**피아노 건반**은 왜 이런 모양일까?	145
45	**타이어**는 왜 홈이 파여 있을까?	148
46	**비행기 날개**는 왜 다양할까?	150
47	**돈**은 왜 이런 모양일까?	153
48	**거미집**은 왜 바큇살 모양일까?	159
49	**비행기 창문**은 왜 둥그럴까?	160
50	**라이터**에는 왜 칸막이가 있을까?	162
51	**연탄**에는 왜 구멍이 나 있을까?	167
52	**전자레인지**는 왜 빙글빙글 돌아갈까?	169
53	**열차**인데 왜 **바퀴**가 없을까?	171
54	**소**는 왜 코에 동그란 **코걸이**를 했을까?	176
55	**현무암**은 왜 구멍이 송송 뚫렸을까?	178
56	**별**은 왜 동그랄까?	179
57	**전기차 배터리**는 왜 모양이 다양할까?	181

평소에 궁금했지만 정확히 설명할 수 없었던!

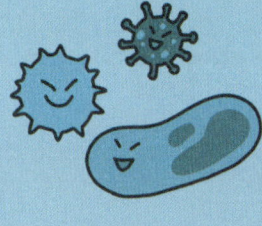

일상의 궁금증을 단번에 해소해 줄!

57종 모양의 원리에 대한 집중 탐구!

Question 01
맨홀은 왜 동그랄까?

길을 걷다가 이런 생각해본 적 없어?

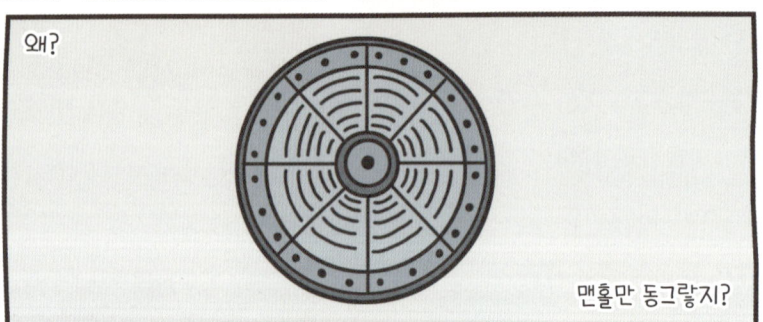

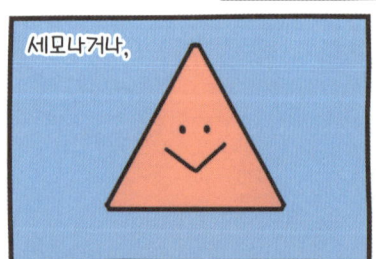

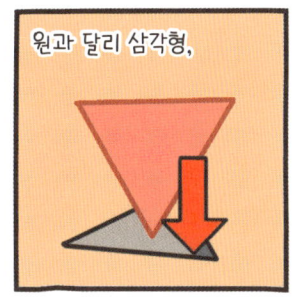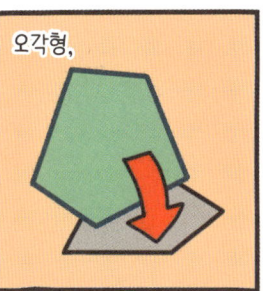

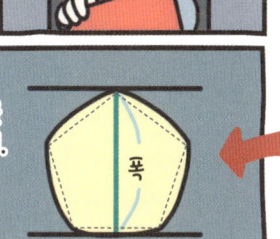

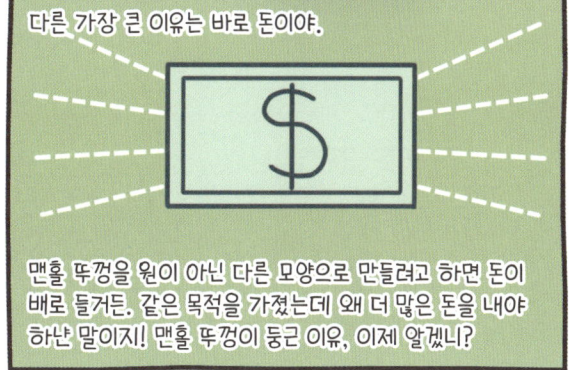

Question 02
벌집은 왜 육각형일까?

이건 벌집이야.

보면 알겠지만, 방이 전부 육각형이지? 왜 그럴까?

벌은 무리를 짓고 살아.

그래서 집 안에 방이 아주 많이 필요해. 방 안에 꿀도 보관해야 하고, 여왕벌이 낳은 아기도 키워야 하기 때문에 공간을 최대한 활용해야 하지.

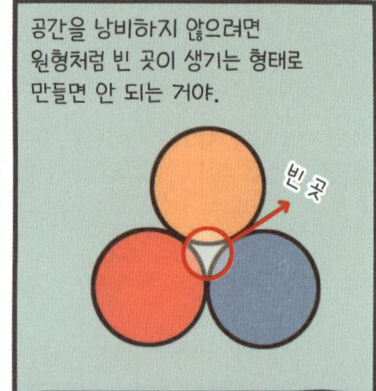
공간을 낭비하지 않으려면 원형처럼 빈 곳이 생기는 형태로 만들면 안 되는 거야.

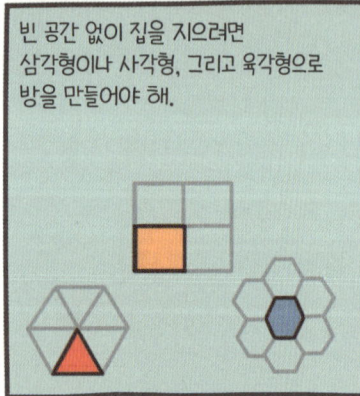
빈 공간 없이 집을 지으려면 삼각형이나 사각형, 그리고 육각형으로 방을 만들어야 해.

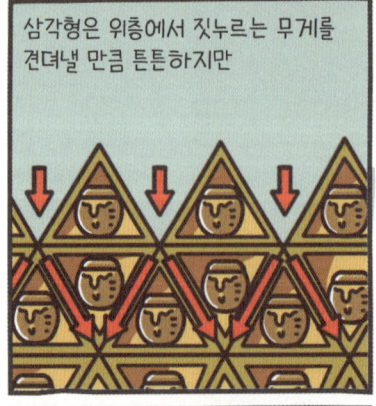
삼각형은 위층에서 짓누르는 무게를 견뎌낼 만큼 튼튼하지만

벌들이 드나들거나 생활하기엔 너무 좁다는 문제가 있어.

사각형은 벌들이 생활하기에는 적당한 넓이야.

대신 무게를 견디지 못하고 폭삭 무너질 수 있어! 너무 위험해!

반면 육각형으로 짓는다면 벌집 무게의 30배나 되는 꿀을 저장할 수 있을 만큼 튼튼해져.

벌집과 같은 육각형 구조는 튼튼함을 요구하는 과학 기술이나 건축 기술에서도 주로 사용해!
이 모든 게 벌집을 보고 만들었다는 말씀!

- 인공위성
- KTX 앞머리
- 서프보드
- 자동차 타이어
- 노트북
- 건축물 외벽

알고 보면, 벌들이 의도적으로 집을 육각형으로 짓는 건 아니야.

누가 우리 얘기하냐?

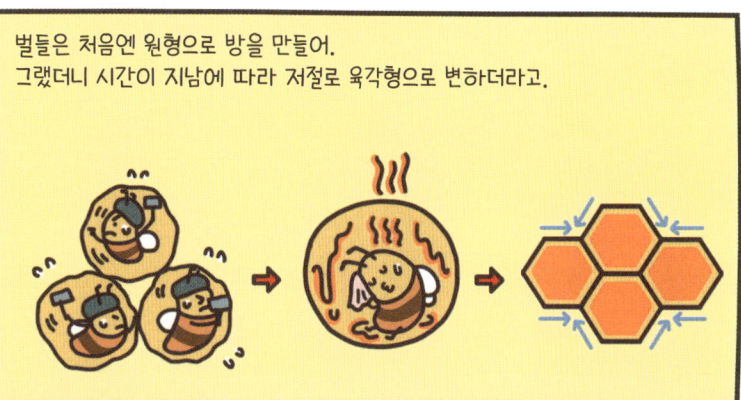

벌들은 처음엔 원형으로 방을 만들어.
그랬더니 시간이 지남에 따라 저절로 육각형으로 변하더라고.

뭐? 벌들이 그 사실을 알고 있으니까 일부러 원형으로 짓는 거 아니냐고?

글쎄? 그건 나도 잘 몰라. 너희가 나중에 벌들한테 물어 봐. 얘기할 수 있다면 말이야. 킥킥.

Question 03
팝콘은 왜 이런 모양일까?

영화관에서 자주 봤지?

고소한 오리지널 팝콘부터

달콤한 캐러멜 팝콘까지!

다양한 맛, 바삭한 식감으로 사람들을 사로잡은 세계적인 간식. 그게 바로 나!

이미 터진 듯한 독특한 몸매, 똑같이 생긴 건 하나도 없는 신비함.

이런 내 모양이 옥수수를 튀겨서 만들었기 때문이라면 믿겠어?

옥수수와 팝콘. 생긴 게 너무 다르니까 믿으라고 해도 섣불리 믿기는 힘들 거야.

믿거나 말거나 진실은 변하지 않는 법. 지금부터 그 진실을 알려줄게.

옥수수 낱알 속에는 물 알갱이인 '수분'과 기름 알갱이인 '유분'이 들어있어.

옥수수 낱알에 열을 가하면

옥수수 낱알 속 수분과 유분은 증기 상태로 변하게 돼.

Question 04
왜 스티로폼은 알갱이가 잔뜩 모여 만들어졌을까?

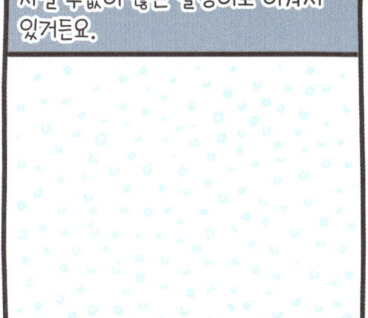

스티로폼은 매우 가볍고,

물체 사이에 열이 서로 통하지 않도록 잘 막는 데다가

충격을 흡수하는 능력도 뛰어요.

또, 액체를 담아도 흘러나오지 않고,

안팎으로 소리가 새어 나갈 일도 적답니다.

그래서 컵이나 그릇,

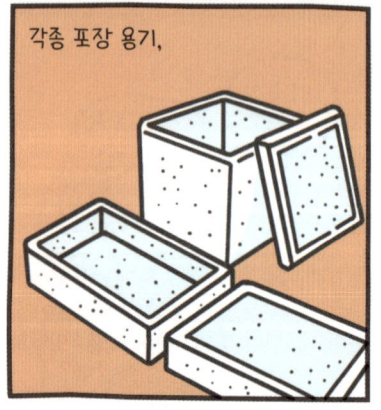
각종 포장 용기,

전자 제품처럼 부서지기 쉬운 물품의 포장재,

건물의 벽 내부나

아이스박스의 내부,

헬멧 내부 등에 쓰일 정도로

스티로폼은 다재다능하죠.

이 모든 일을 가능케 하는 게 놀랍게도 스티로폼의 알갱이 구조란 말씀!

스티로폼은 거품을 이용해 만든 건데요.

요구르트병 따위를 만들 때 쓰이는 플라스틱 원료에

열을 가하면 거품을 발생시키는 약제를 더해서

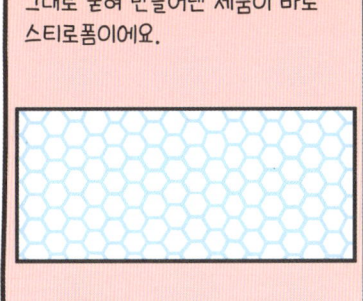
그대로 굳혀 만들어낸 제품이 바로 스티로폼이에요.

그럼 스티로폼 알갱이 속은 공기로 가득 차게 되고,

이 공기 덕분에 스티로폼이 여러 역할을 해낼 수 있는 거랍니다.

스티로폼 알갱이에 가둬진 공기는 열의 이동을 막아주고요

지나가고 싶다면 우리를 상대해 보시지!

소리의 이동도 막아줍니다.

소리는 공기의 흔들림인데, 우리 모두를 흔들어 재낄 수 있다고 생각해?

충격을 받아내는 것 역시 공기이고,

내가 지금, 이 순간 파괴돼도 내 뒤에 똑같은 녀석들이 수두룩 빽빽이야!

가벼운 것도 공기 때문이죠.

우리는 느껴지지 않을 정도로 가벼우니까!

스티로폼은 98%가 공기, 2%가 플라스틱으로 구성되어 있거든요.

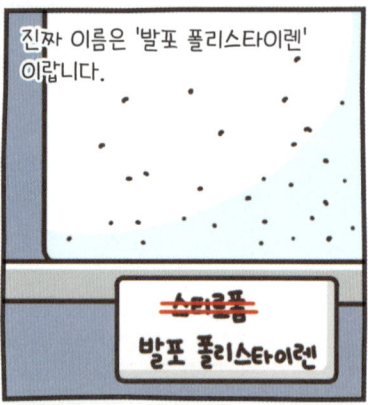

Question 05
똥의 모양은 왜 다양할까?

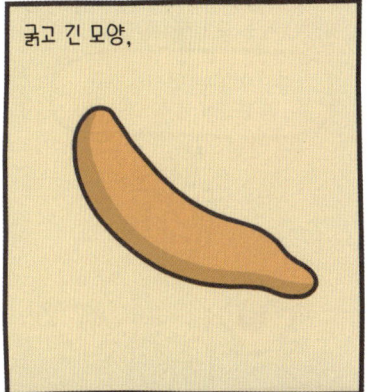

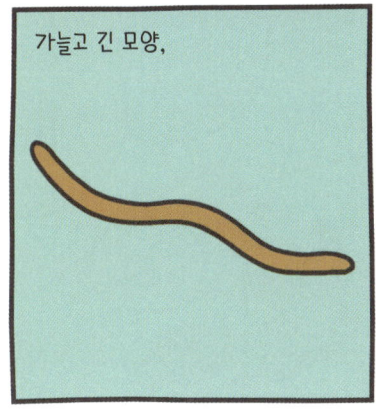

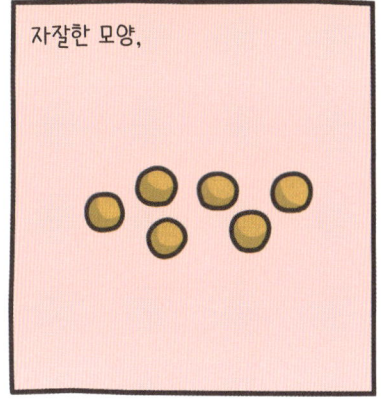

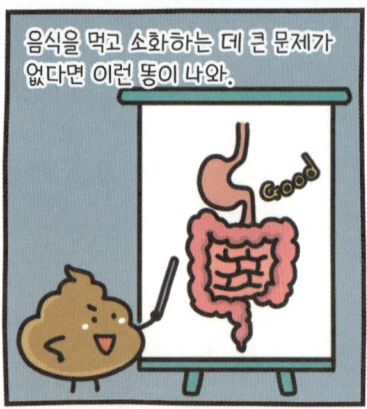

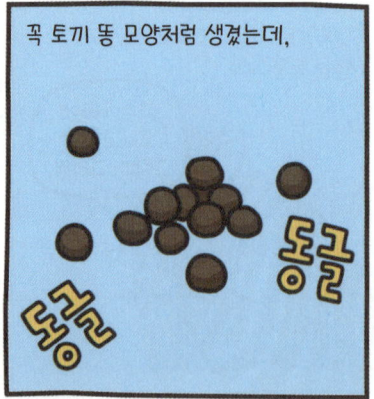

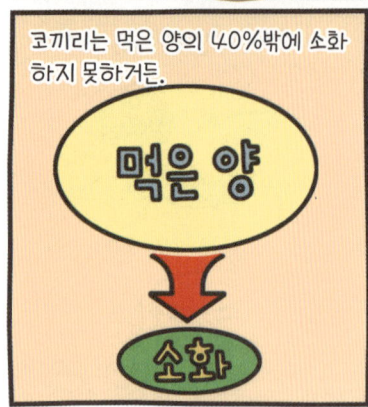

Question 06
얼룩말은 왜 얼룩무늬일까?

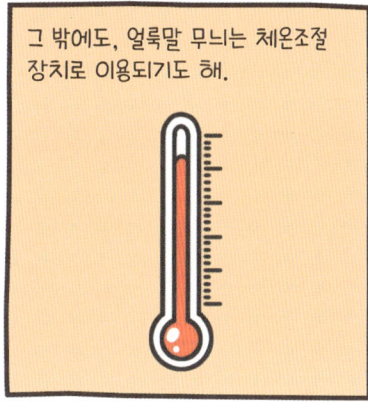

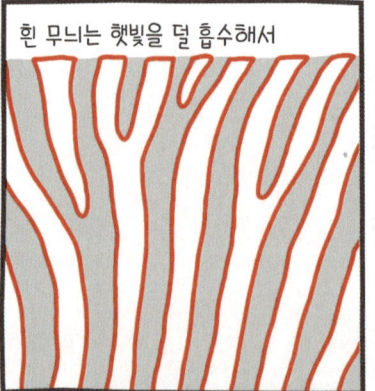

Question 07
화석이 어떻게 완전한 사람 모양일까?

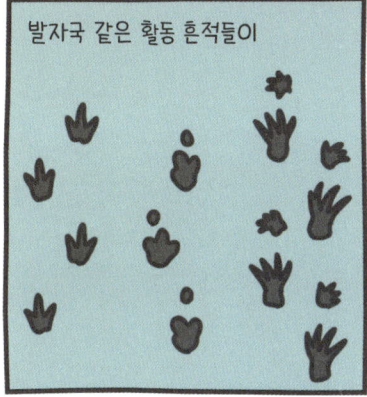

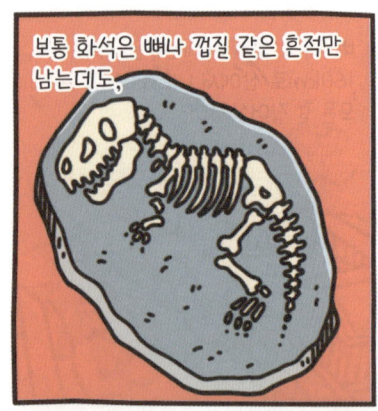
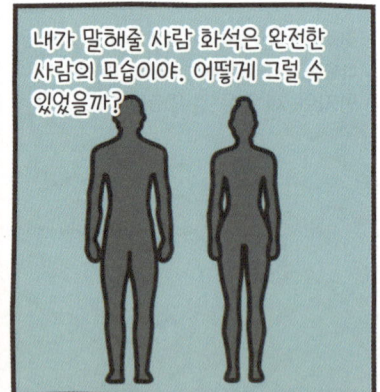

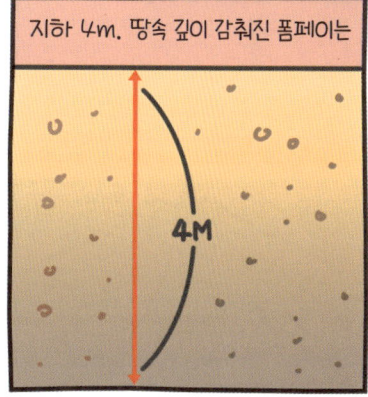

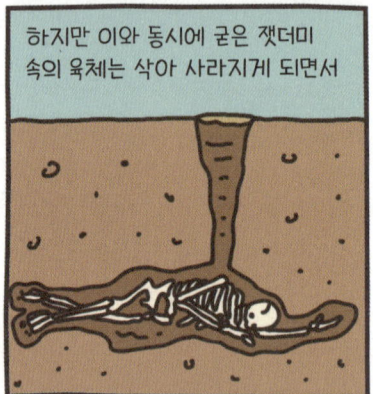

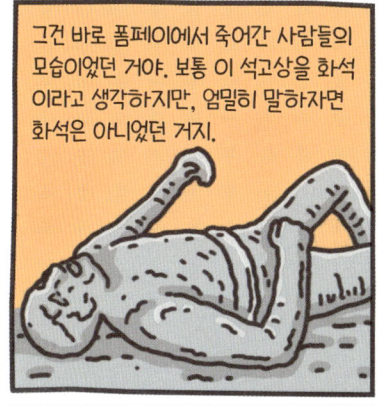

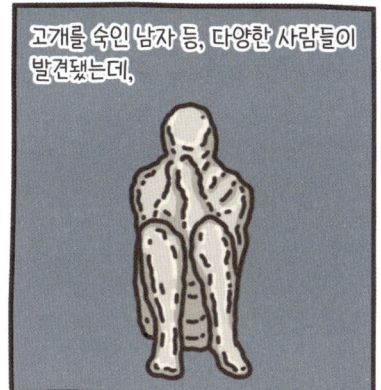

Question 08
감자튀김은 어떻게 길쭉한 걸까?

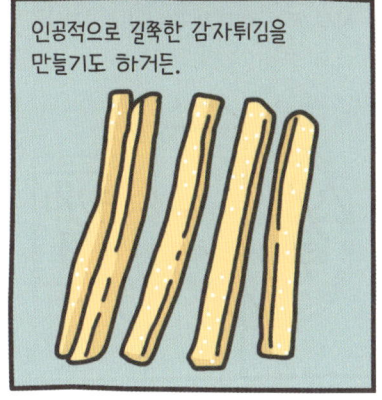

Question 09
거울 속 나와 사진 속 나의 얼굴은 왜 다를까?

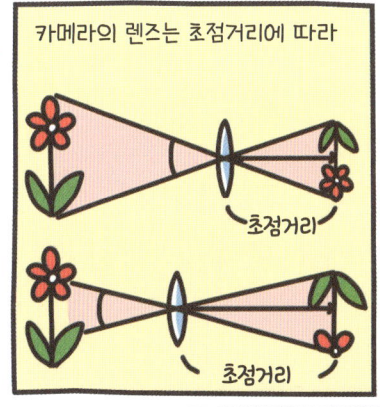

자신의 얼굴은 거울처럼 비치는 물건을 통해서만 볼 수 있기 때문에,

게다가 우리가 거울을 볼 때의 얼굴은 오른쪽이 왼쪽으로, 왼쪽이 오른쪽으로 뒤집힌 상태야. 다른 사람이 나를 볼 때의 얼굴이 아니라, 내가 자주 보는 나만의 얼굴인 셈이지.

뒤집힌 얼굴이 익숙해지는 건 당연한 일이지 않겠니?

하지만 카메라가 찍는 내 얼굴은 뒤집혀 있지 않아.
어라? 어색해.

당연히 사진 속 내 얼굴이 어색하고 이상해 보일 수밖에.
이건 내 얼굴이 아니야! 아닐 거야!

다행히도 그런 차이를 알아채는 사람은 자신의 얼굴을 잘 아는 '나'뿐이라는 사실!

다른 사람들은 그 차이를 느끼기 힘들거나
뭐가 문제야? 똑같이 생겼는데 웬 난리람?

느껴도 대수롭지 않게 여겨.
괜찮아. 어때~ 조금 다르긴 해도 이쯤이야 뭐.

즉, 사진 속 나와 거울 속 내가 다른 건 자연스러운 일이니까 걱정 안 해도 돼!

그럼 내 얼굴은 거울로 볼 때 처럼 항상 예쁜 게 맞지, 엄마? 그렇다고 해줘~

으윽, 그건. 그, 그럼! 예뻐! 우리 딸은 항상 예쁘지~

Question 10
색약 테스트는 왜 그런 모양일까?

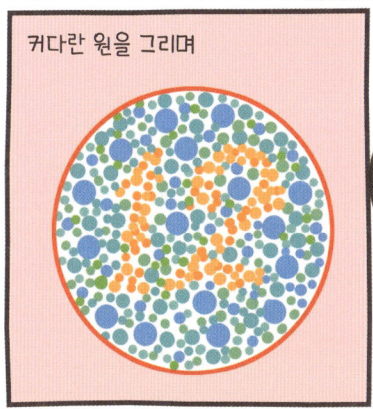

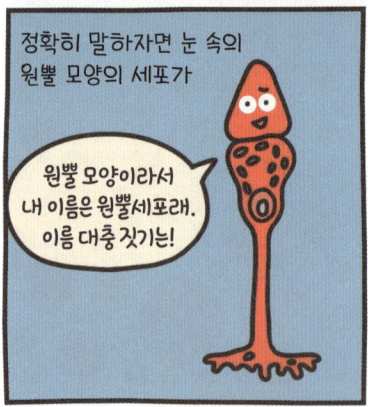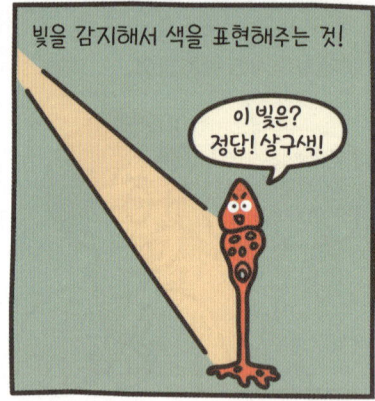

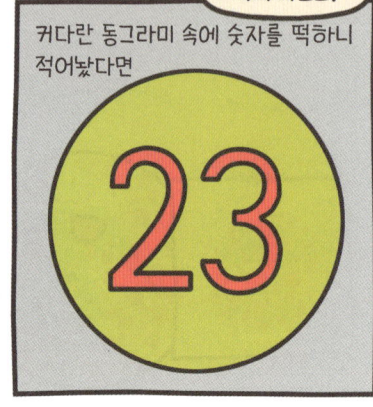

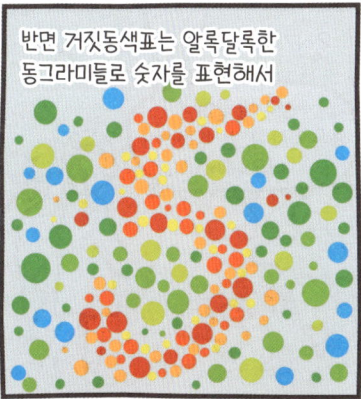

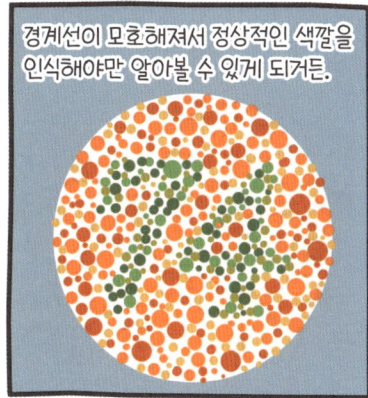

Question 11
공중화장실 칸막이와 문에는 왜 틈이 있을까?

Question 12
마름쇠는 왜 삼각뿔 모양일까?

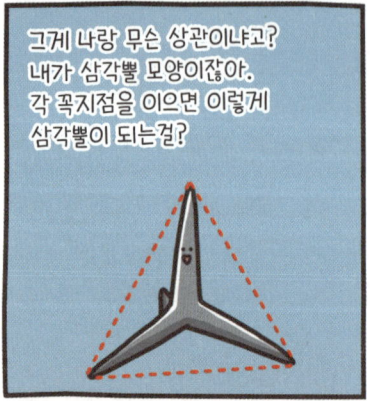
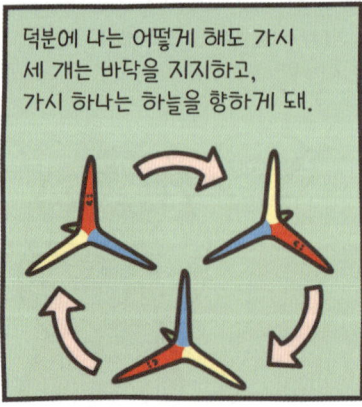

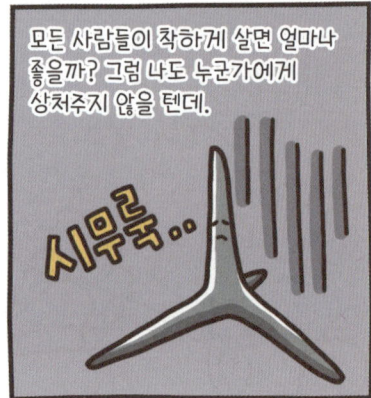

Question 13
테트라포드는 왜 저렇게 생겼을까?

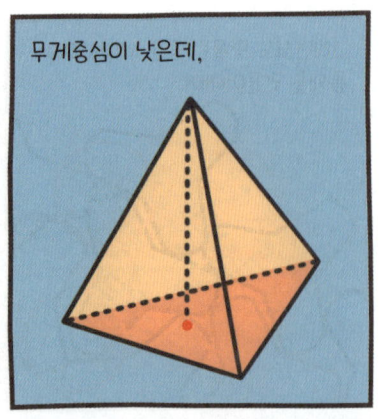

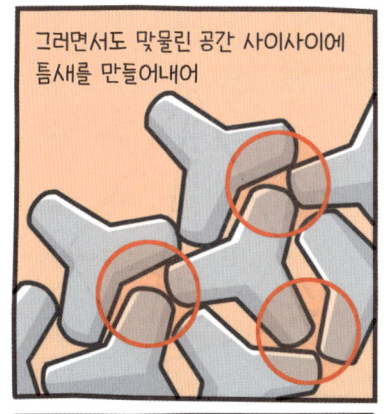

Question 14
커터칼은 왜 날에 홈이 파여있을까?

Question 15
이빨 모양은 왜 다를까?

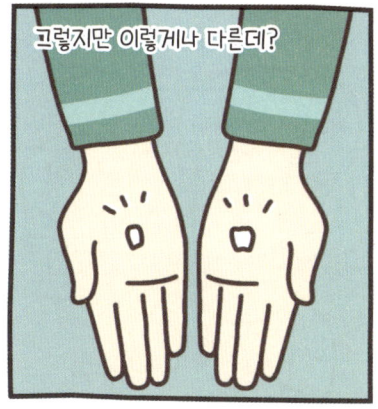

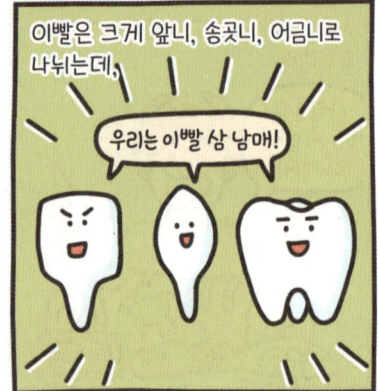

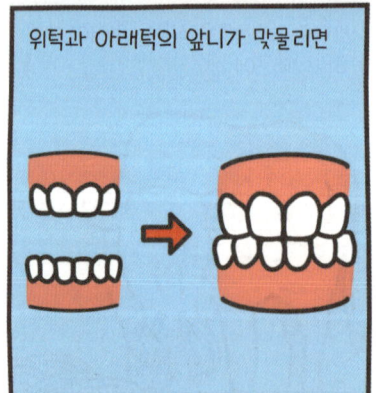

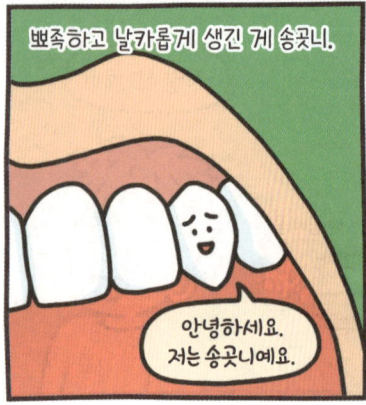

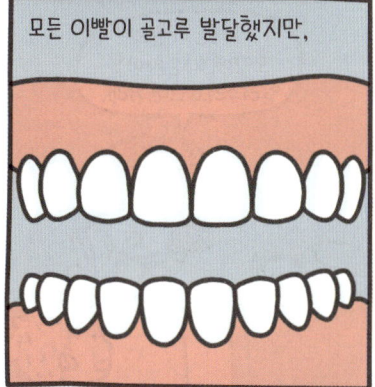

Question 16
사랑니는 왜 괴상망측하게 생겼을까?

첫사랑은 흔히들 이뤄지지 않는다고 해.

처음으로 누군가를 사랑할 때의

나는 모든 게 참 서툴거든.

그 사람과 가까워지고 싶다는 마음만 앞설 뿐,

알맞은 방법을 떠올리지 못해. 처음이기 때문에.

그저 멀찍이 바라만 봐도 가슴이 요동치고,

주위를 맴돌면 마음 한켠이 아려와.

어쩌다 한 마디, 두 마디 말이라도 섞는 날엔

더할 나위 없는 행복이 찾아와.

다른 사람과 즐겁게 지내는 모습을 보면 덜컥 가슴이 내려앉아서

괜히 못된 장난을 치며 주의를 끌기도 해.

그렇게 시간이 지나고 지나면, 마음은 얽히고설켜서

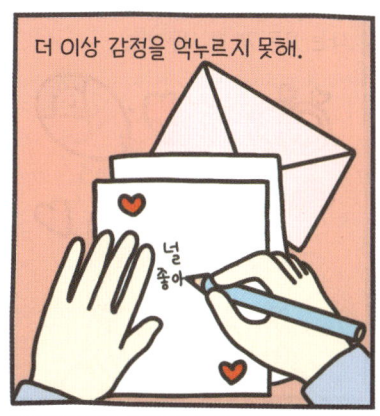
더 이상 감정을 억누르지 못해.

상대를 생각하면 애틋하고 그리우면서도

정작 상대의 곁엔 내가 없어서,

그래서 너무 안타깝고, 너무 아파.

어떤 사람은 참고 참다가

천천히 멀어져 가지만,

결코 잊지 못하는 유일한 누군가로 마음에 묻고,

마음을 앞세워 고백한 어떤 이는

거절의 상처를 안고

평생을 추억하지.

첫사랑은 짝사랑으로, 깊은 여운을 남기는 끝맺음을 맞아.

처음으로 사랑을 앓는 이 과정이 얼마나 괴로운지는 이루 말할 수 없어.

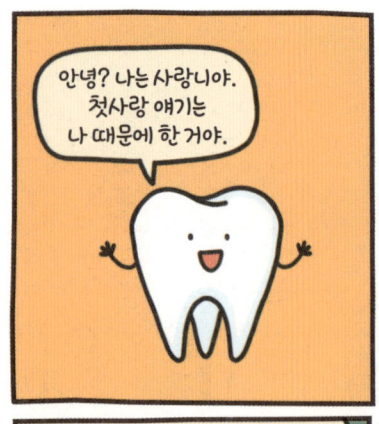

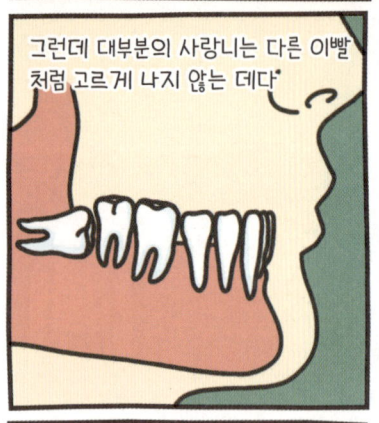
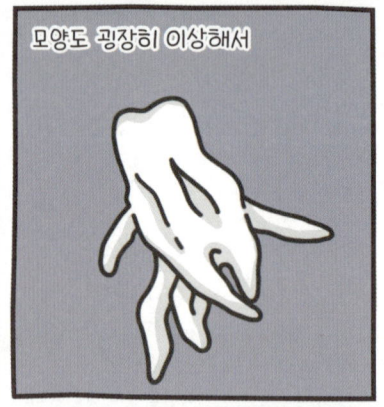

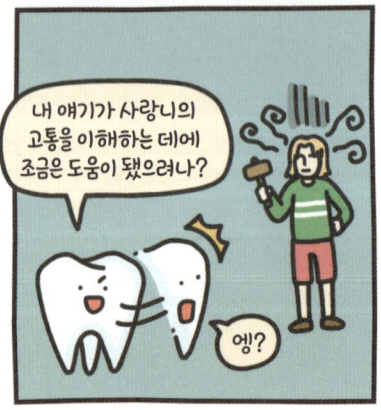

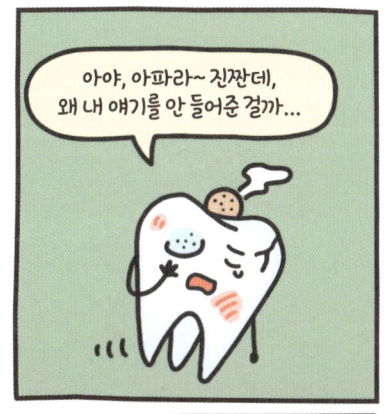
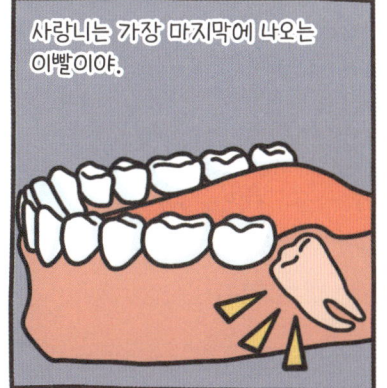
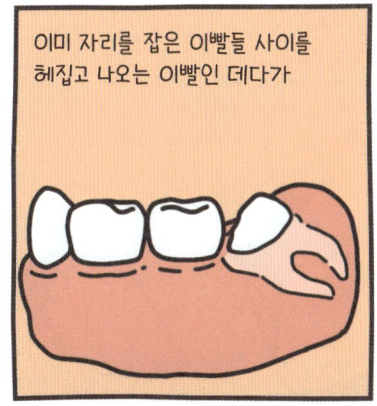
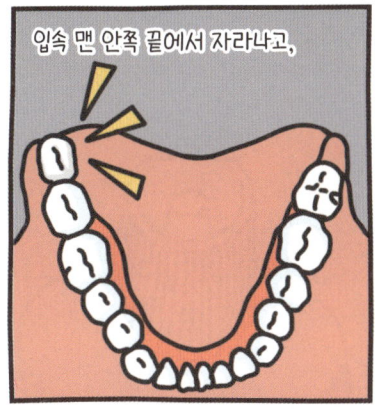

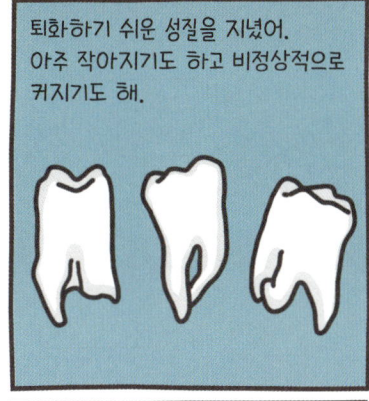
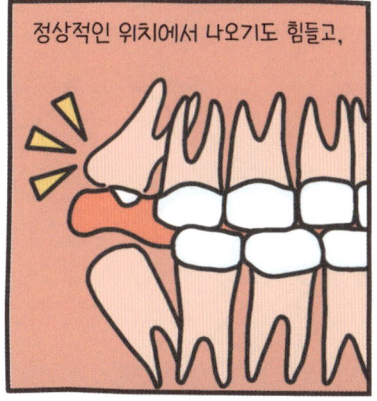
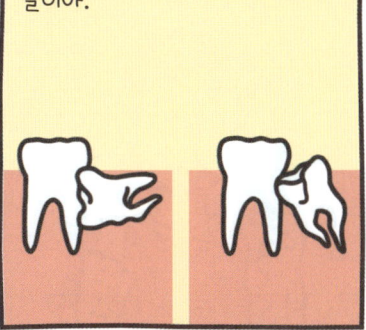
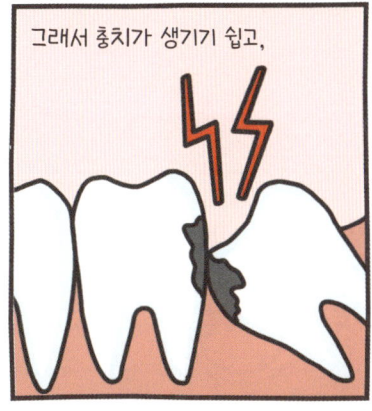

Question 17
연고 뚜껑은 왜 그럴까?

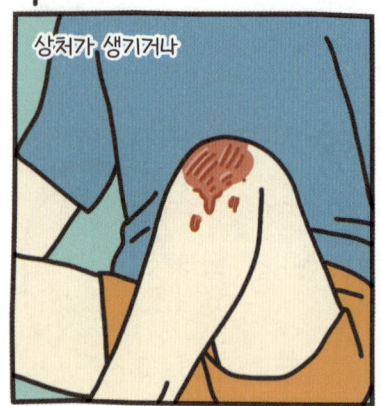
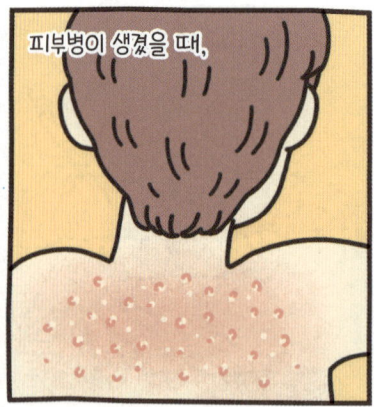

Question 18
콘택트렌즈는 왜 눈동자 크기와 비슷할까?

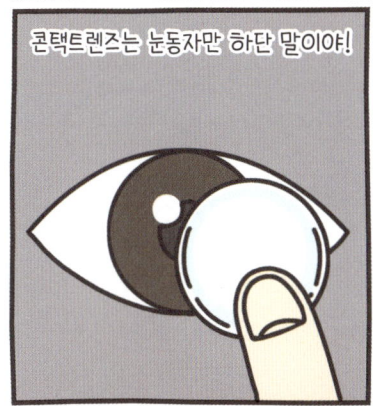

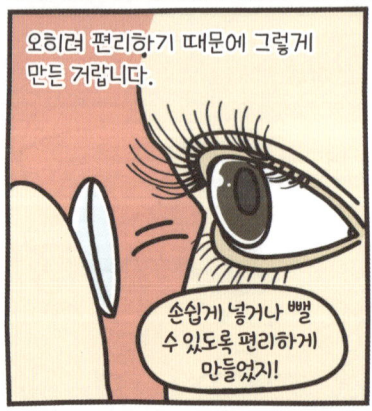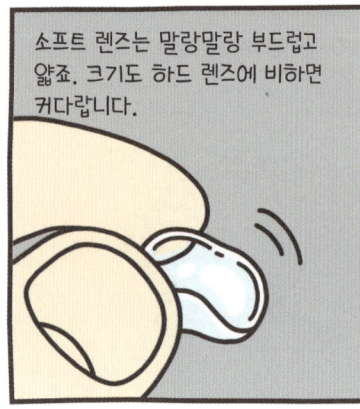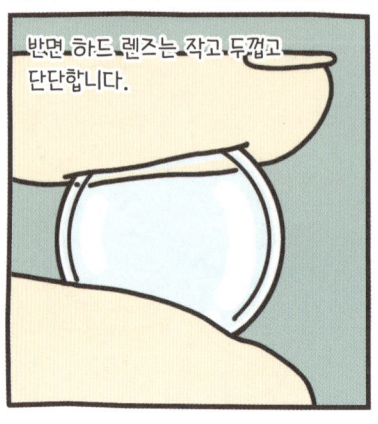

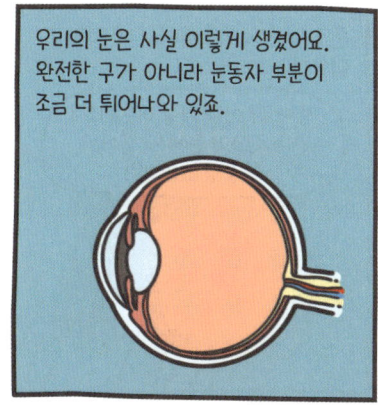
우리의 눈은 사실 이렇게 생겼어요. 완전한 구가 아니라 눈동자 부분이 조금 더 튀어나와 있죠.

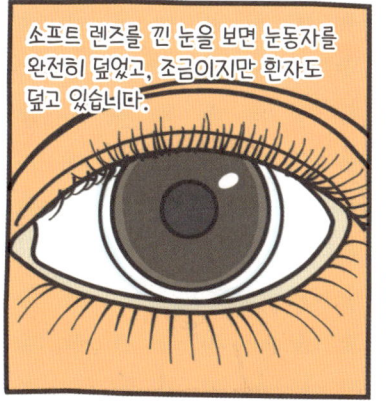
소프트 렌즈를 낀 눈을 보면 눈동자를 완전히 덮었고, 조금이지만 흰자도 덮고 있습니다.

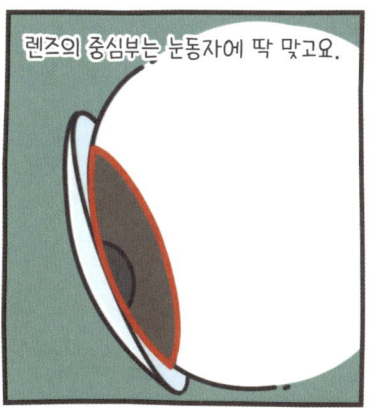
렌즈의 중심부는 눈동자에 딱 맞고요.

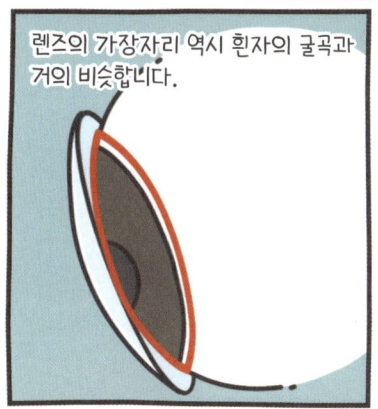
렌즈의 가장자리 역시 흰자의 굴곡과 거의 비슷합니다.

소프트 렌즈는 이렇듯 눈의 표면과 맞아 떨어지기 때문에 렌즈가 움직일 일이 적어요.

웬만해선 벗어나지 않지!

또 움직인다고 해도 눈의 표면에 딱 들어맞는 상태를 유지하려고

이크! 눈동자에서 멀어졌잖아?

다시 눈동자의 중앙으로 돌아가죠.

다시 돌아왔다!

하드 렌즈는 소프트 렌즈와는 조금 다릅니다. 눈동자를 완전히 덮기는 커녕 더 작죠.

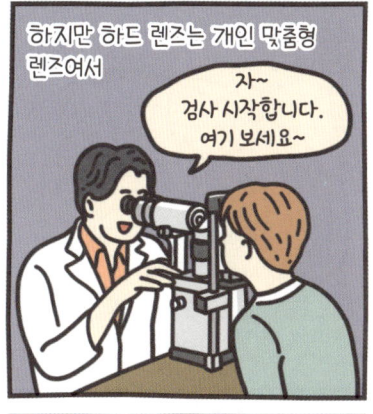
하지만 하드 렌즈는 개인 맞춤형 렌즈여서

자~ 검사 시작합니다. 여기 보세요~

각자의 눈동자에 완벽하게 들어맞아 문제가 없어요.

눈만 깜빡여도 움직임이 생기지만 시력에는 영향이 없고,

조금만 움직여도 아주 잘 보여!

소프트 렌즈처럼 곧바로 눈동자 중앙을 찾아가거든요.

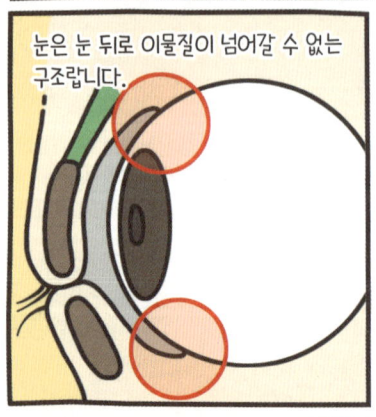

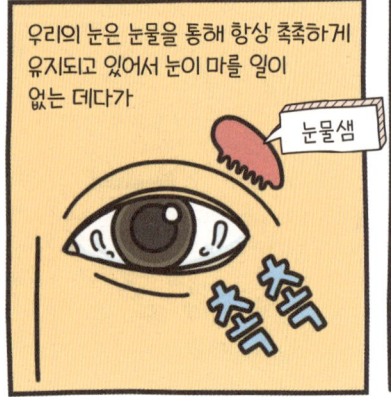

Question 19
고드름이 왜 거꾸로 자랐을까?

안녕하세요. 물방울입니다.

여러분! 여러분은 고드름을 아시나요?

고드름은요. 긴 막대기처럼 자라난 얼음을 말한답니다. 보통 송곳 모양이에요.

폭포,

바위,

지붕 밑이나

차량 밑에서 볼 수 있어요.

추운 겨울. 얼어있던 물이 녹아 흘러내리고

얼기를 반복하면서

고드름이 되지요.

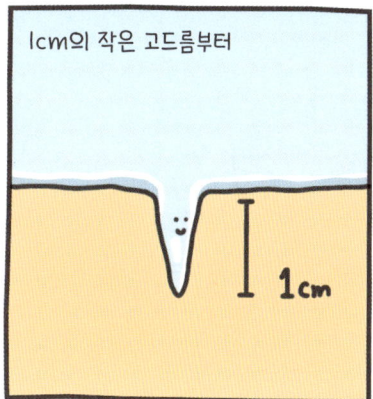
1cm의 작은 고드름부터

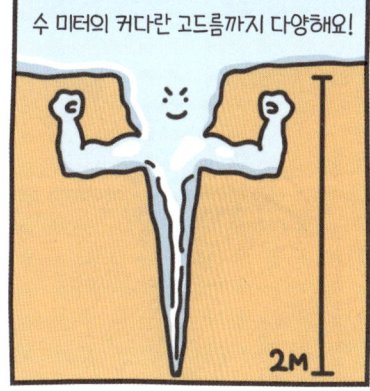
수 미터의 커다란 고드름까지 다양해요!

그런데 그거 아세요?
거꾸로 솟은 고드름도 있답니다.

이렇게 말이에요!

고드름이 어떻게 땅에서 자라날 수 있었던 걸까요?

그건 제가 알려드리도록 하겠습니다.

저 같은 고드름을 역고드름, 혹은 승빙이라고 합니다.

사실 땅에서만 역고드름을 볼 수 있는 건 아니에요.

물 위에서도 볼 수 있죠. 하지만 두 역고드름은 만들어지는 과정이 조금 다릅니다.

먼저 땅! 역고드름이 땅에서 자라나는 이유는 두 가지예요.

녹아서 흐르는 물이 떨어져서

얼어붙은 땅과 만나는 일이

반복된다면 역고드름이 자라나게 됩니다. 일반적인 고드름처럼요. 간단하죠?

그러나 다른 이유는 조금 복잡합니다.

물이 얼 때는 항상 가장자리부터 얼기 시작합니다.

또 표면부터 얼기 시작하죠.

그래서 물이 얼다 보면 완전히 얼어붙기 전에 구멍이 생기기 마련인데요.

보통은 물이 구멍을 통해 삐져나오기 전에 표면이 완전히 얼어붙어요.

물 위의 역고드름을 좀처럼 볼 수 없는 건 그 까닭입니다.

그러나 가끔은 표면이 얼기 전에 물이 구멍 사이로 삐져나올 때가 있습니다.

물은 얼음이 되면 부피가 커지는데

얼음이 되며 늘어난 양만큼 물을 눌러 올라오게 만들거든요.

꽉 찬 물컵에 얼음을 넣으면 물이 새는 것처럼 말이야!

올라온 물은 다시 표면부터, 특히 가장자리부터 얼기 시작합니다.

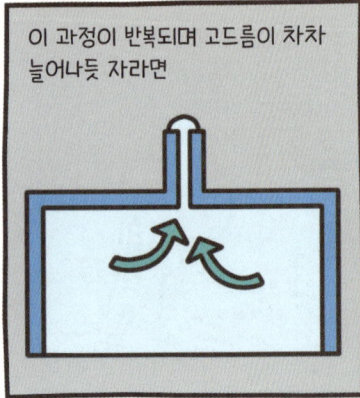
이 과정이 반복되며 고드름이 차차 늘어나듯 자라면

역고드름 완성!

중력을 이겨내고 자라난 역고드름. 그 아름다움을 직접 보게 될 날이 오길 바라요!

Question 20
로봇을 왜 동물처럼 만들었을까?

Question 21
케첩 뚜껑과 마요네즈 뚜껑은 왜 다를까?

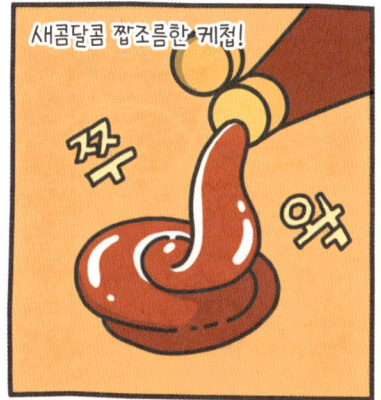

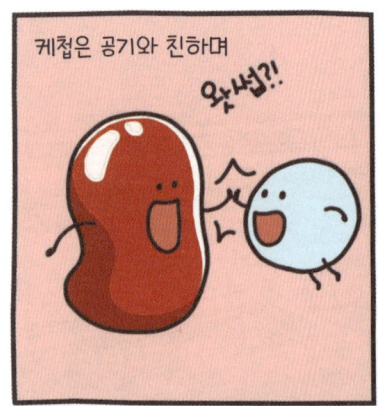

Question 22
우유갑은 왜 이런 모양일까?

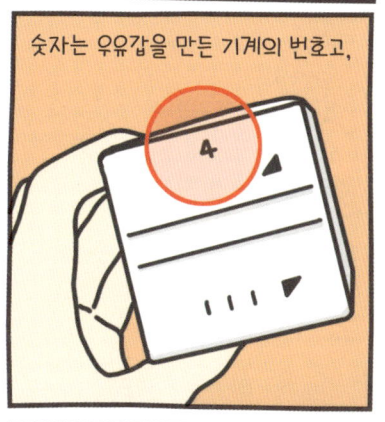
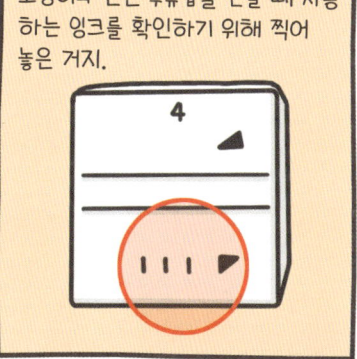

Question 23
마스크마다 왜 생김새가 다를까?

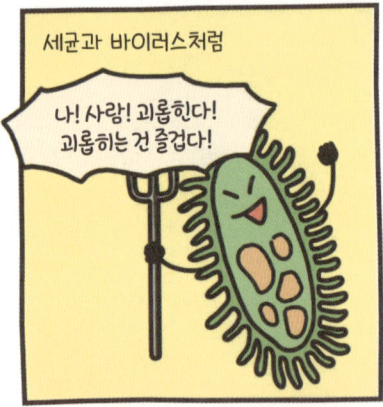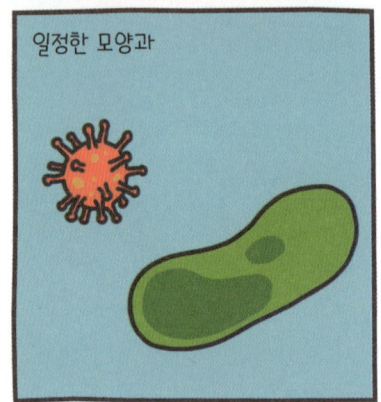

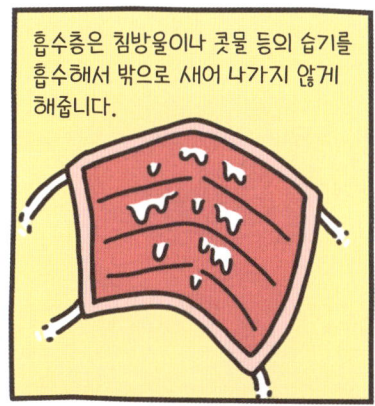

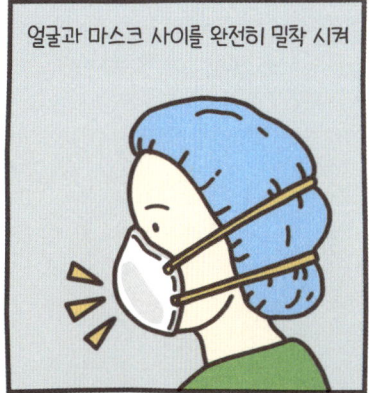

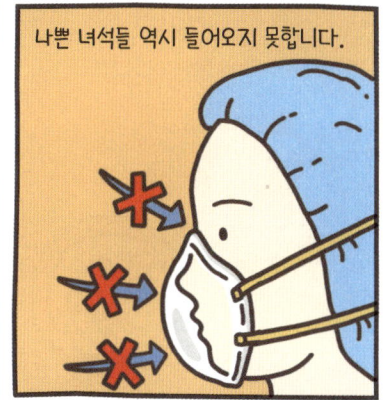

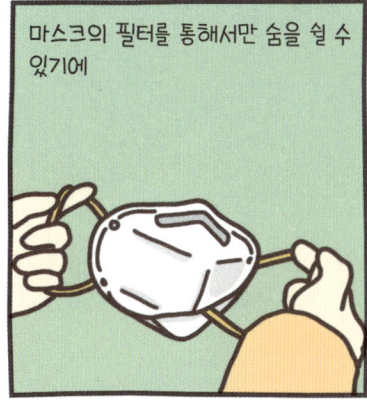

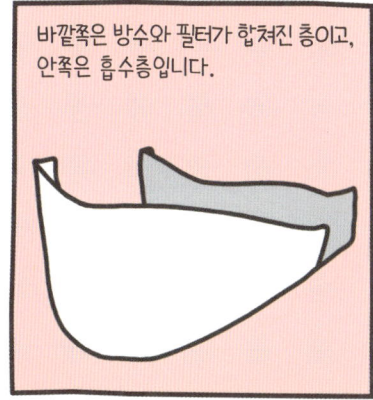

Question 24
뱀 혀는 왜 두 갈래로 갈라졌을까?

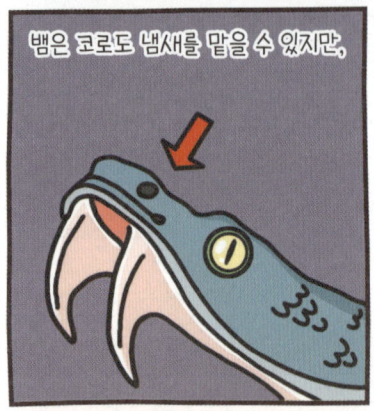

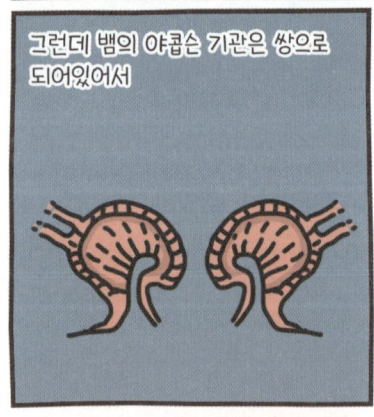
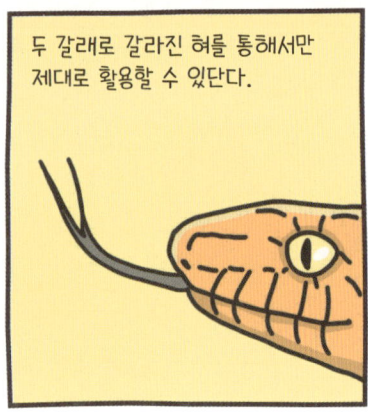

Question 25
사람의 눈은 왜 흰자가 뚜렷할까?

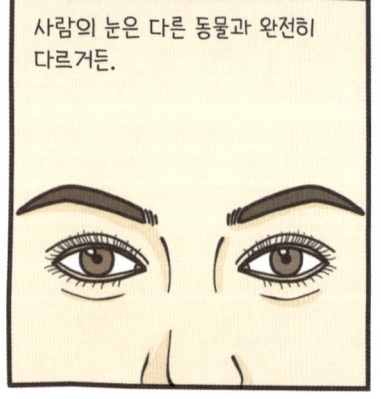

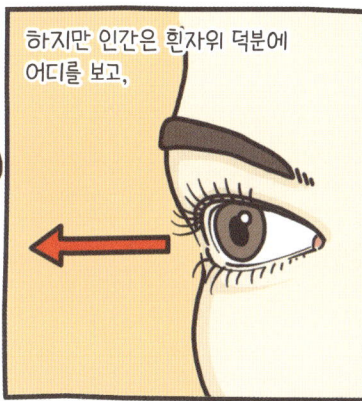

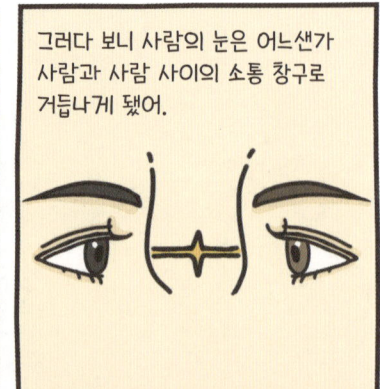

Question 26
왜 음식에 거품을 끼얹었을까?

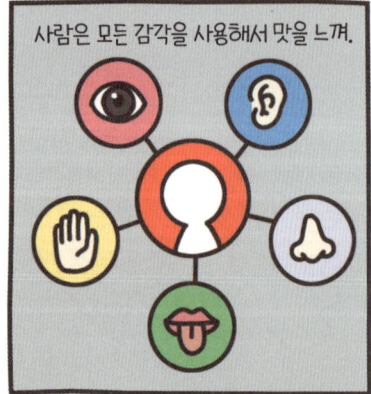
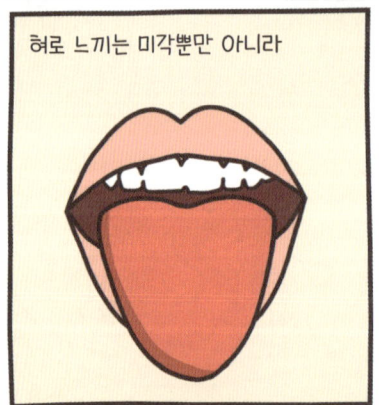

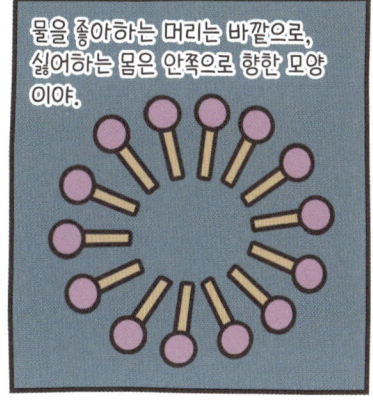

Question 27
드론 날개는 왜 다양할까?

사람이 만든

하늘을 나는 물체는 여러 가지가 있지!

헬리콥터,

비행기,

비행 청소년!
뭘 봐! 확!

비행 청소년은 농담! 실은 내 얘기를 하고 싶어서 그랬던 거야.
우와! 저거 드론 아니야?

내 이름은 드론! 하늘을 날 줄 아는 녀석!

무선 전파로 조종할 수 있는

무인 항공기가 바로 드론이야!
사람이 타지 않았어요!

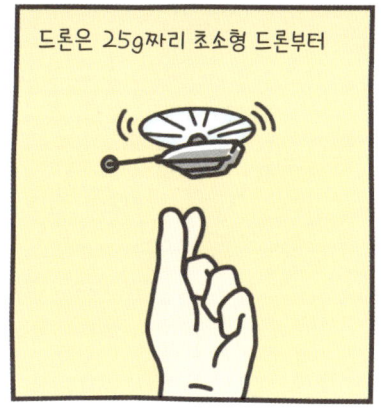
드론은 25g짜리 초소형 드론부터

1,200kg이 넘는 초대형 드론까지 무척 다양한데,

가장 큰 특징은 바로 날개야.
날개?

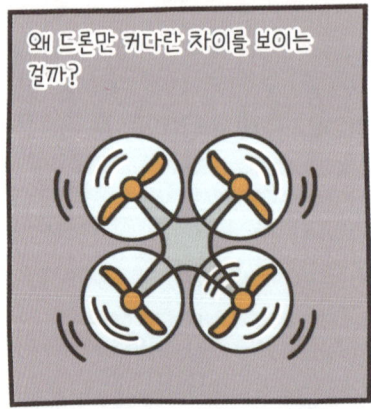
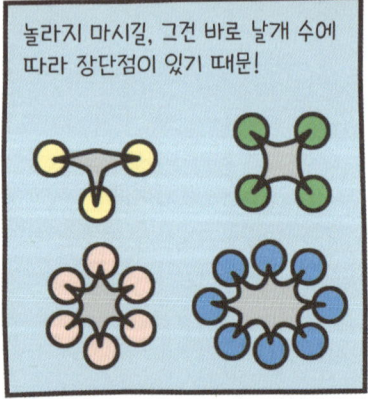
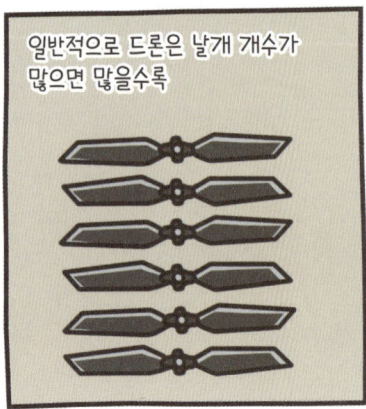

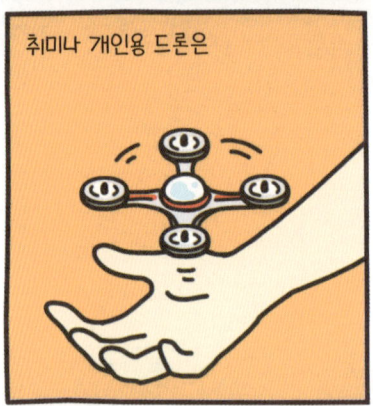

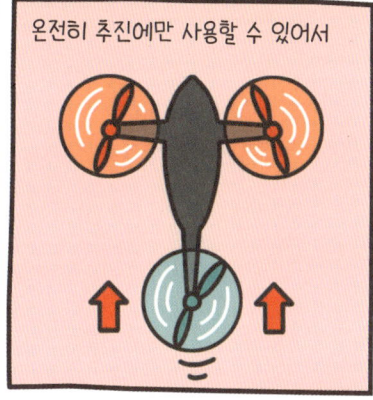

Question 28
손 모양은 왜 사람마다 다를까?

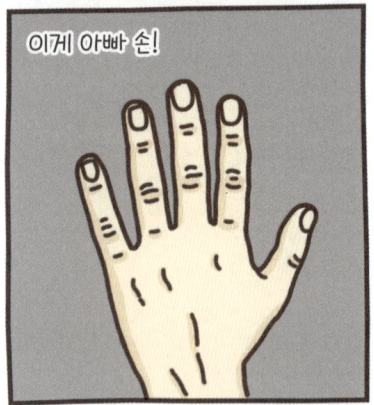
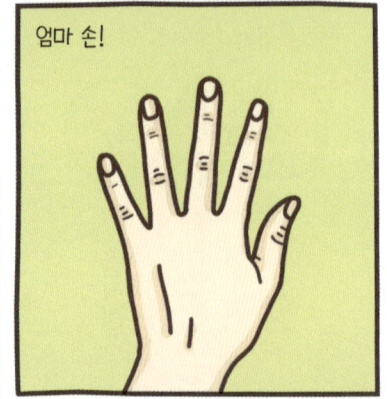
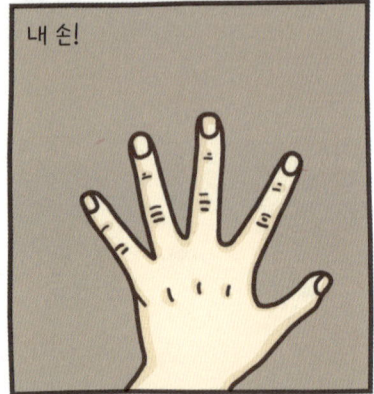

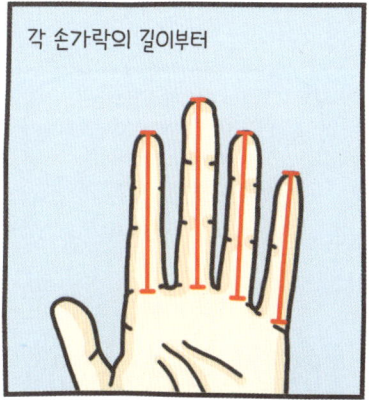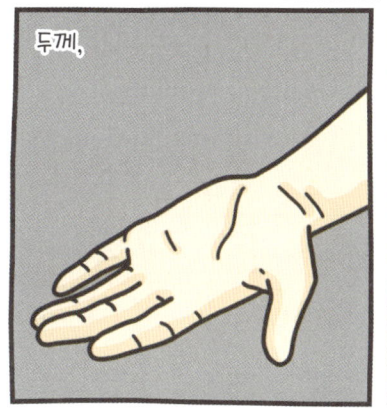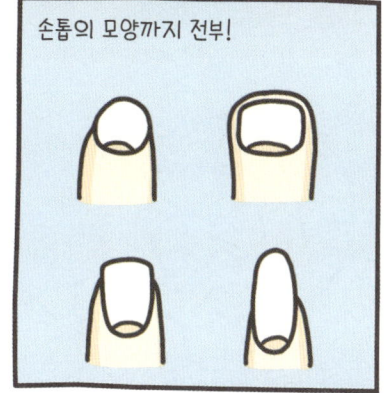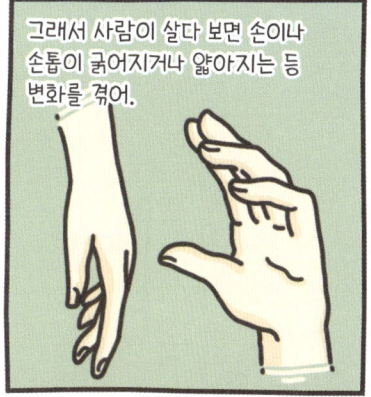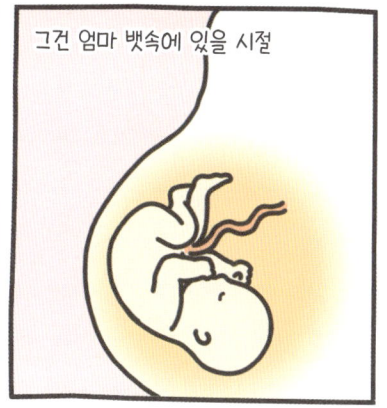

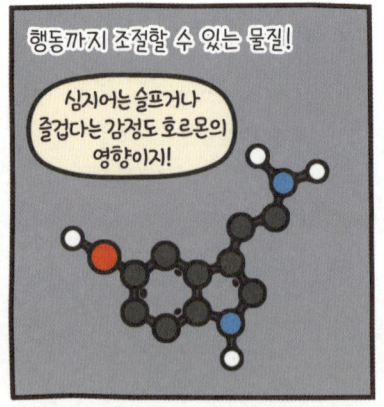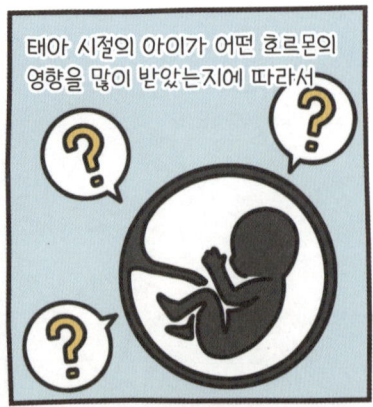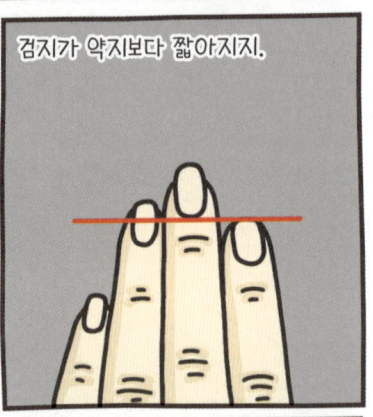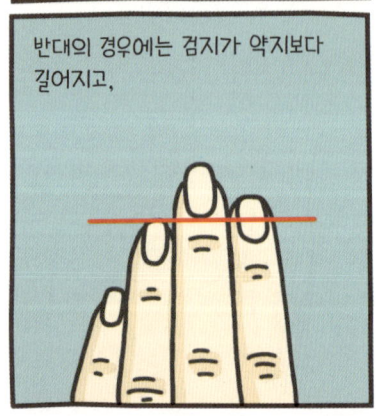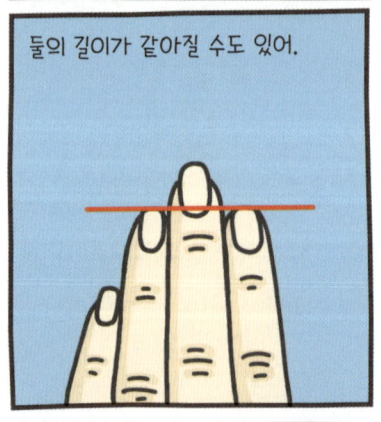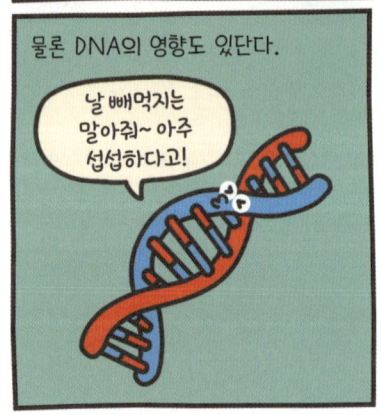

Question 29
빗방울은 왜 크기에 따라 모양이 달라질까?

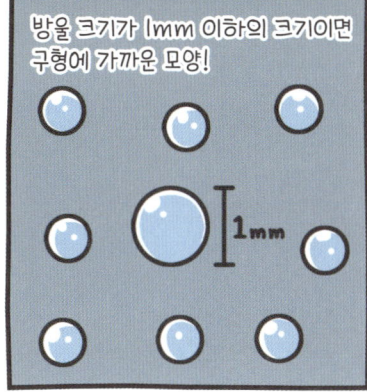

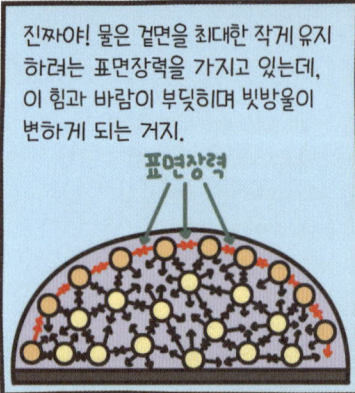

Question 30
삼각돛? 사각돛? 돛은 왜 다를까?

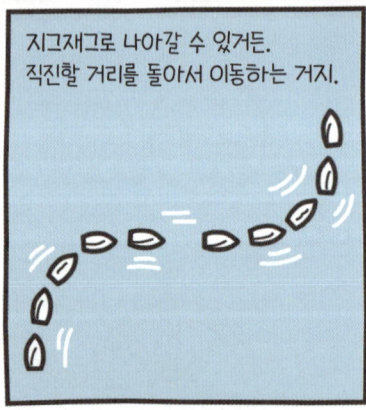

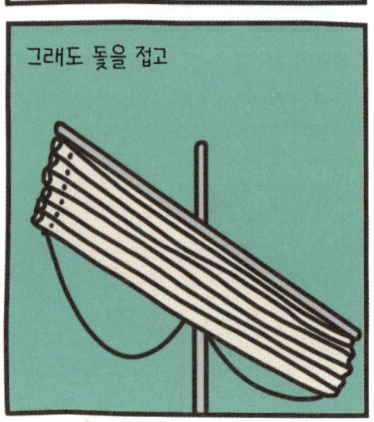

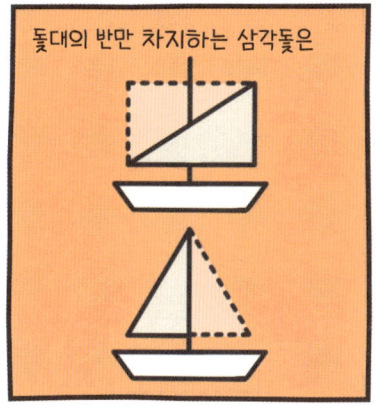

Question 31
콘센트는 왜 이런 모양일까?

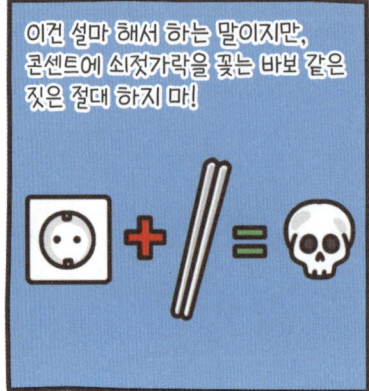

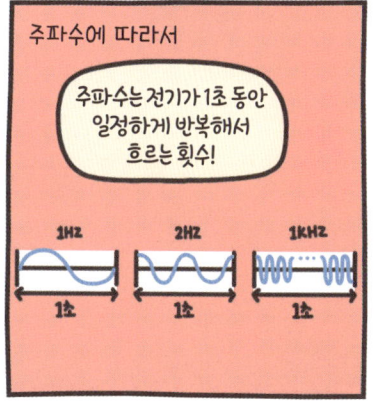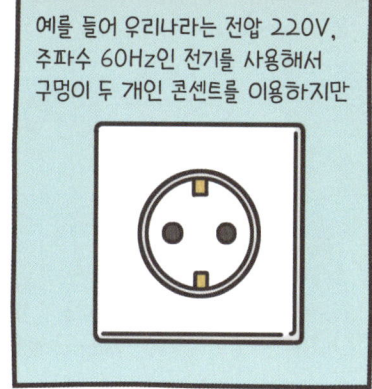

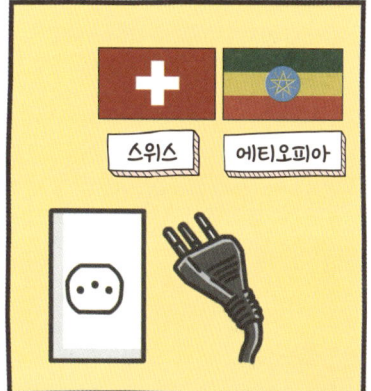
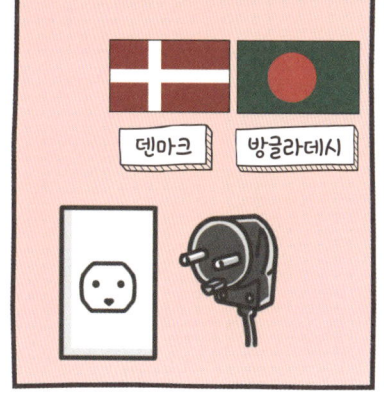
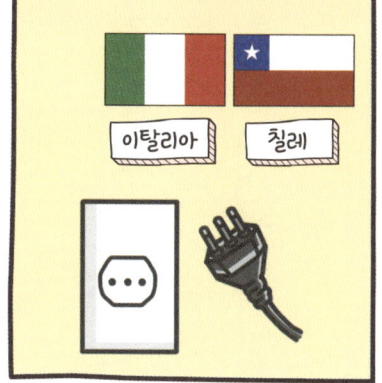

Question 32
플러그가 왜 ㄱ자 모양일까?

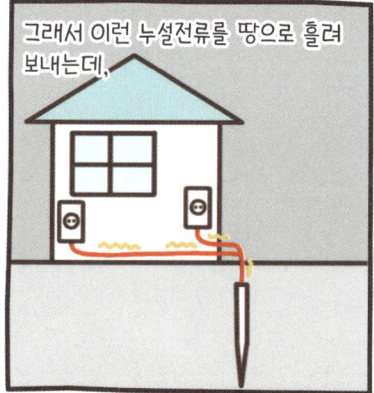

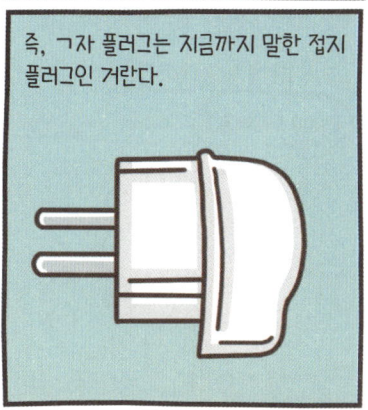

Question 33
콘센트 구멍이 왜 45도로 돌아가 있을까?

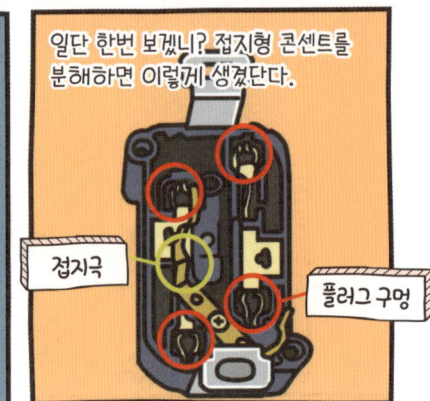

Question 34
얼굴은 왜 이런 모양일까?

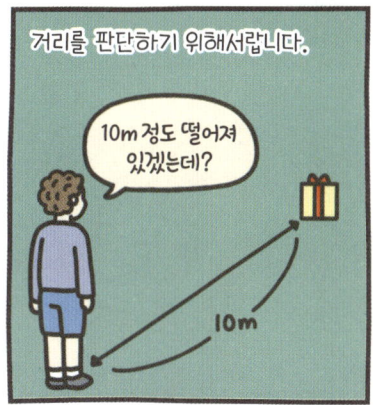

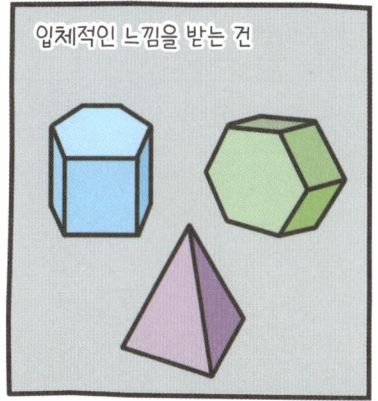

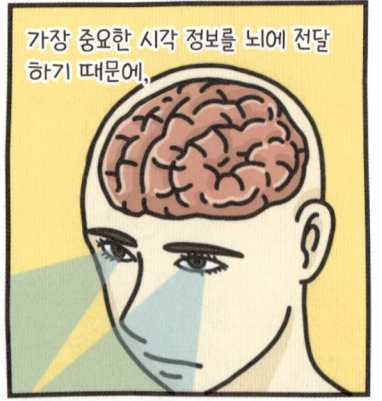
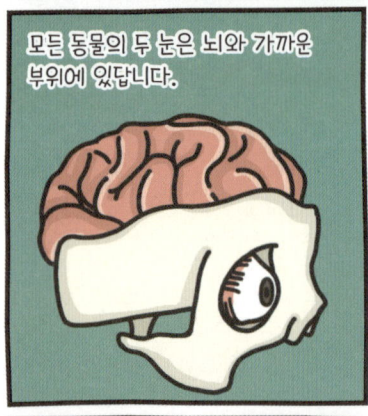
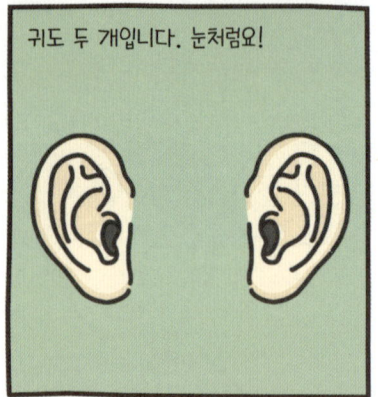

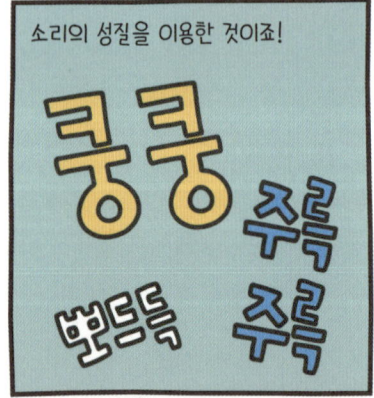
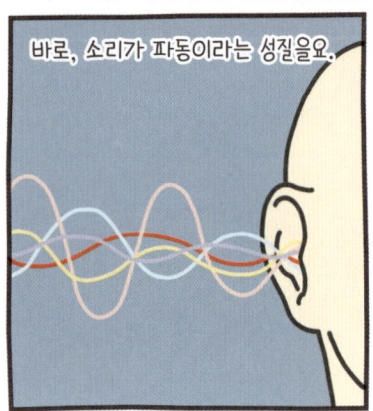

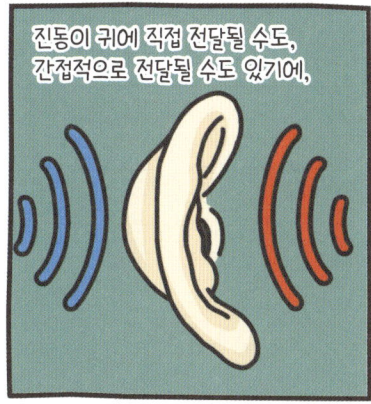
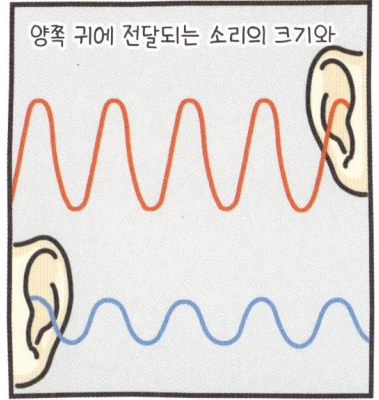
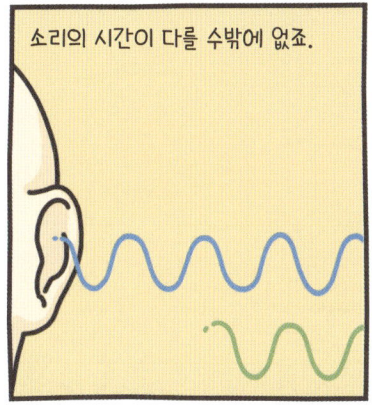

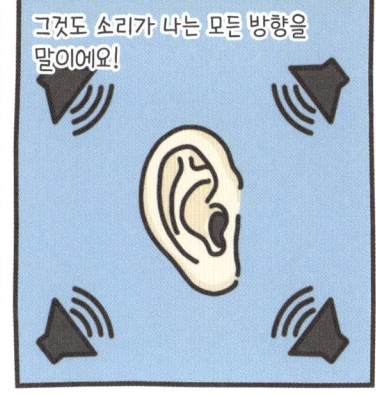

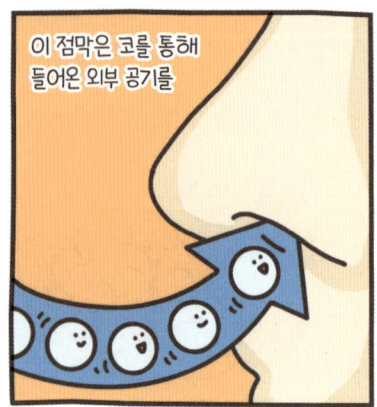
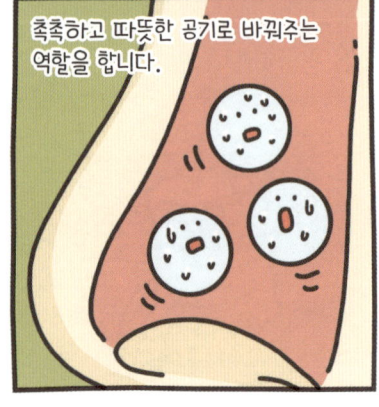

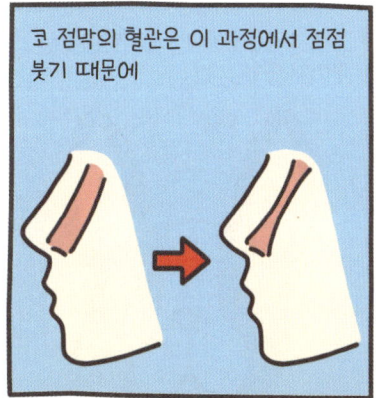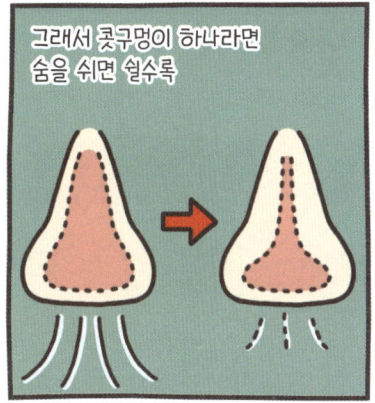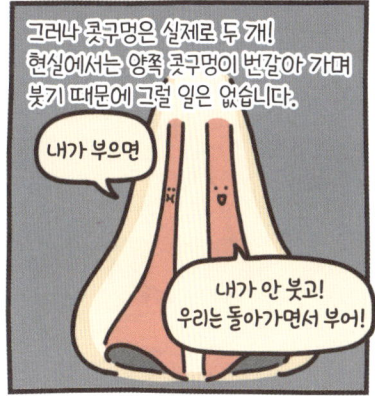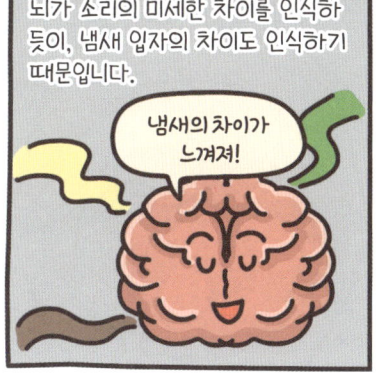

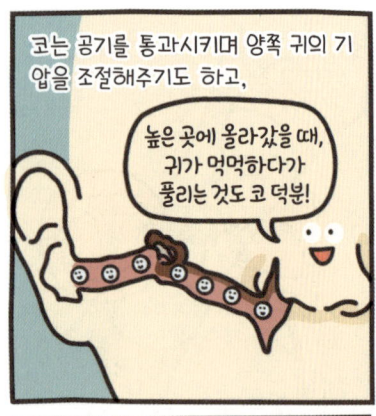
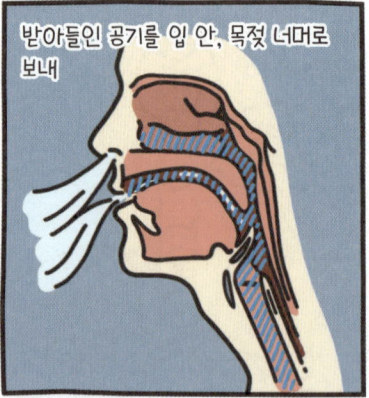
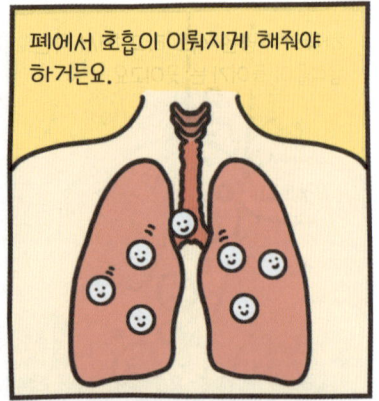

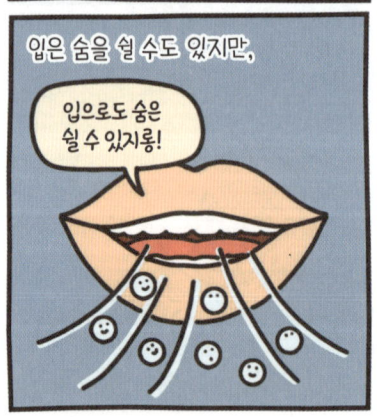

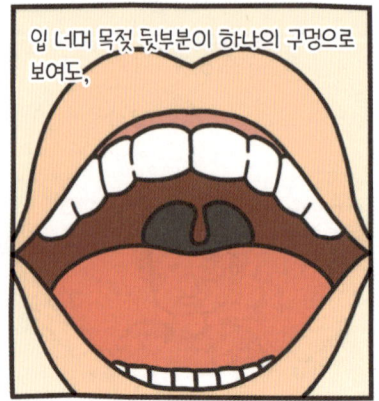
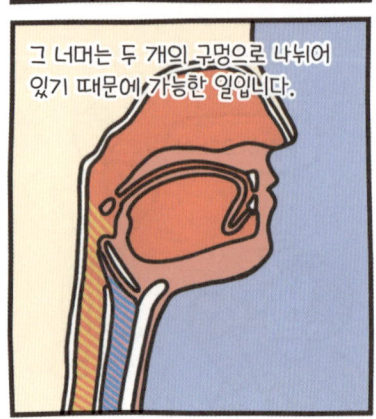

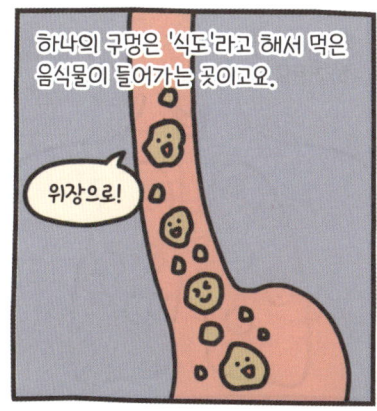
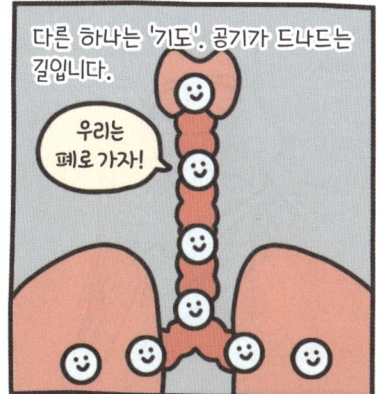
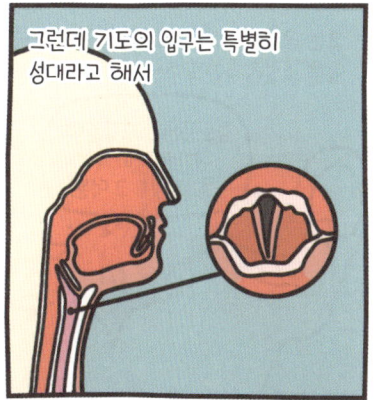

Question 35
동물의 몸은 왜 좌우대칭일까?

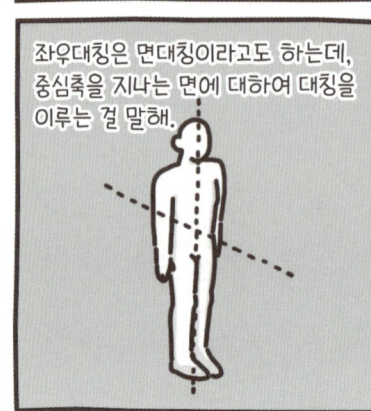

Question 36
자전거 헬멧은 왜 엉뚱한 모양일까?

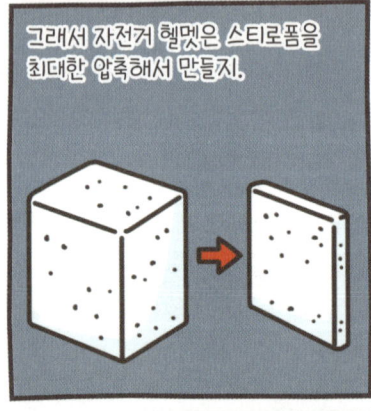

Question 37
벨크로는 왜 두 면이 다른 모양일까?

Question 38
가드레일은 왜 W 모양일까?

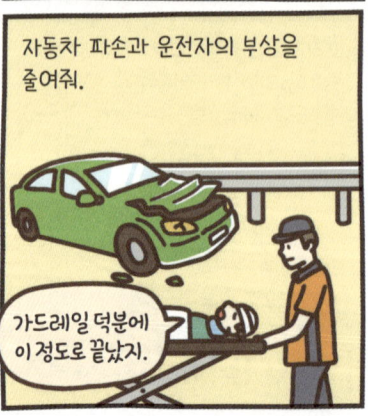

Question 39
떡국의 떡은 왜 타원형일까?

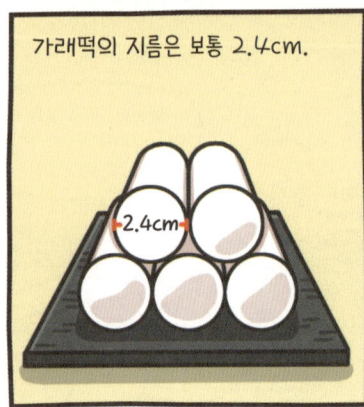
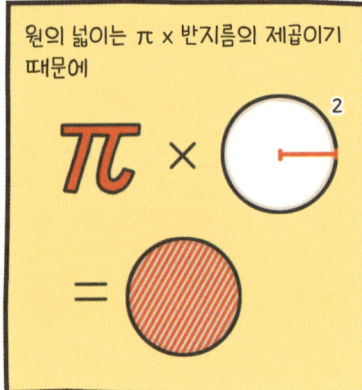

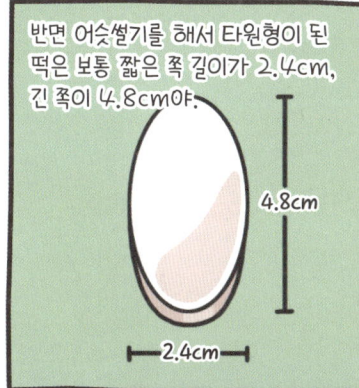
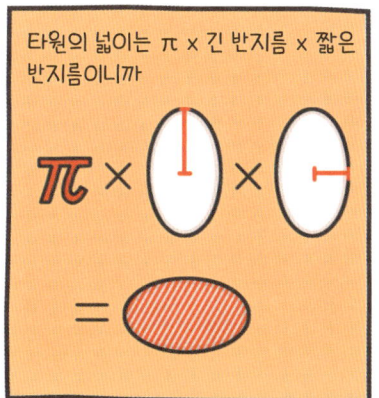

Question 40
자르는 도구는 왜 쐐기 모양일까?

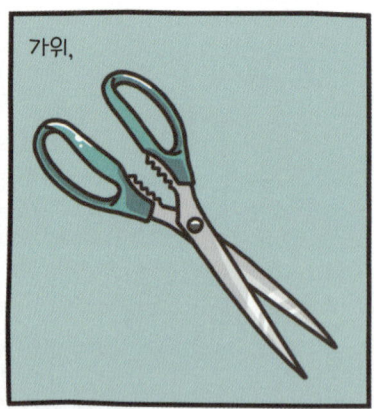

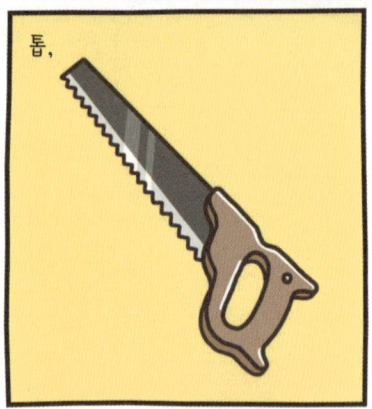

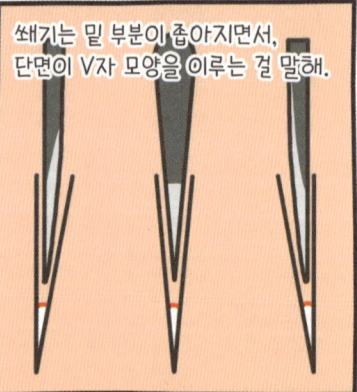

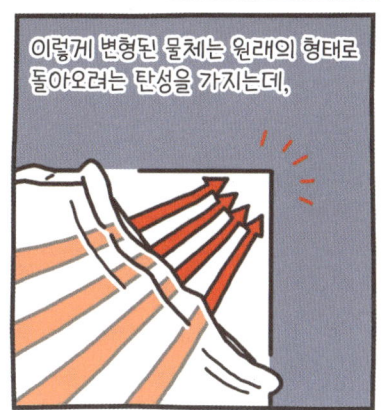

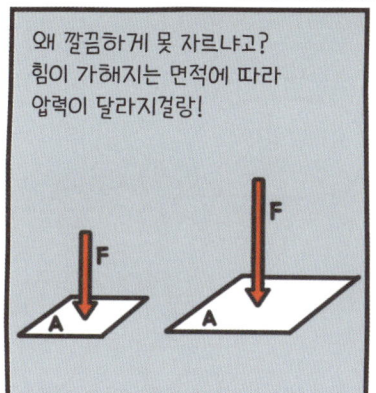
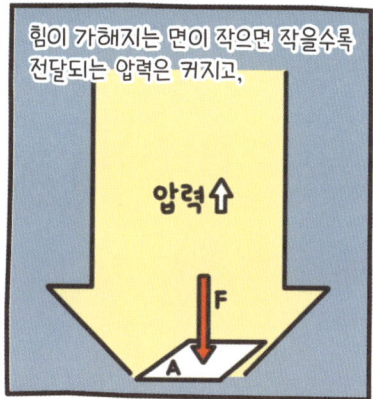
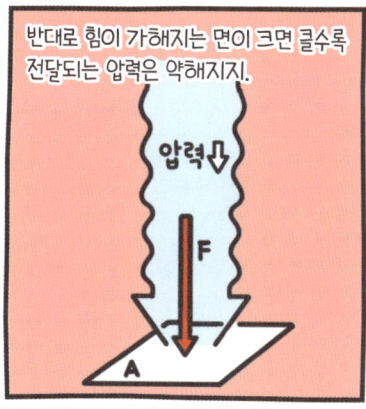

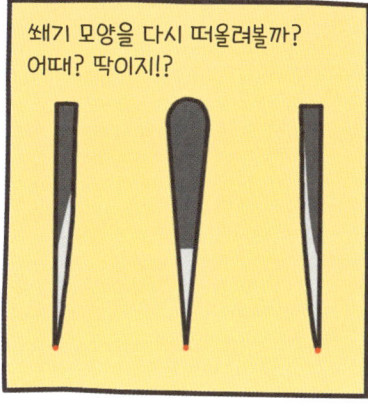

Question 41
롤러코스터 레일은 왜 뫼비우스의 띠 모양일까?

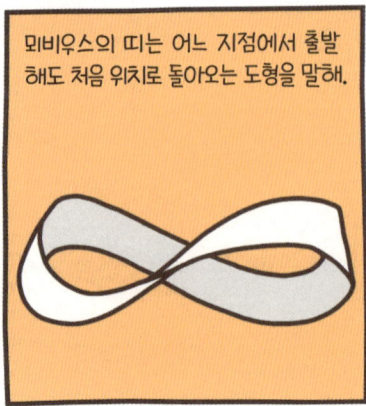

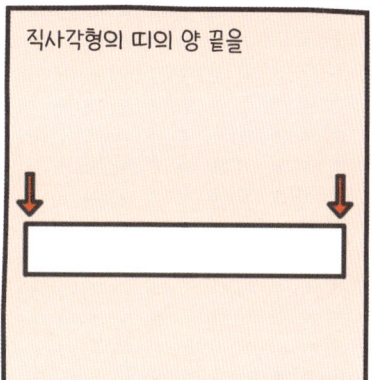

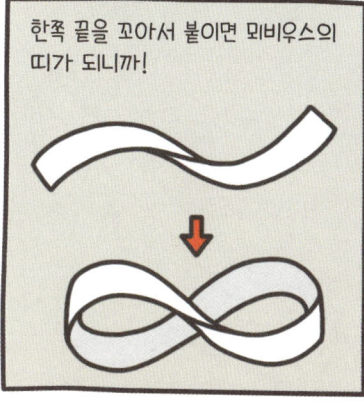

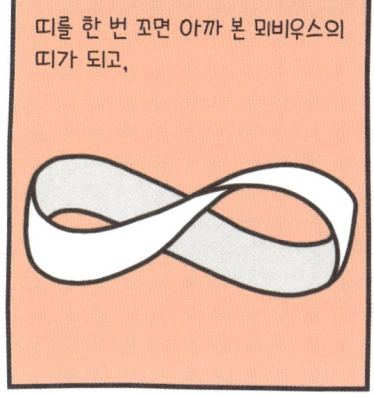

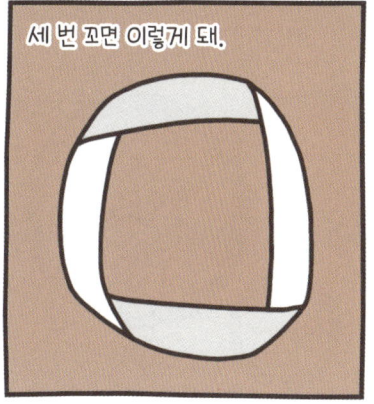

또 한 번 꼬인 뫼비우스의 띠를 이등분하면 이렇게,

삼등분하면 이렇게 돼!

이렇듯 뫼비우스의 띠는 만들기에 따라 무척 다양한 종류의 모양이 나온다는 사실! 몰랐지?!

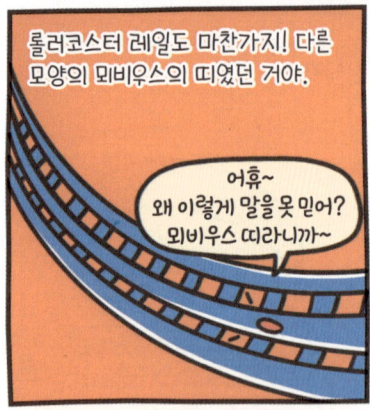
롤러코스터 레일도 마찬가지! 다른 모양의 뫼비우스의 띠였던 거야.
어휴~ 왜 이렇게 말을 못 믿어? 뫼비우스 띠니까~

이런 식으로 레일을 만들면 양쪽 레일을 모두 활용할 수 있어서

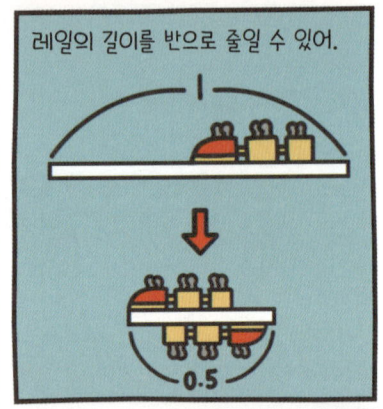
레일의 길이를 반으로 줄일 수 있어.

그러면 레일이 이루는 원의 넓이는 4분의 1로 줄게 돼.

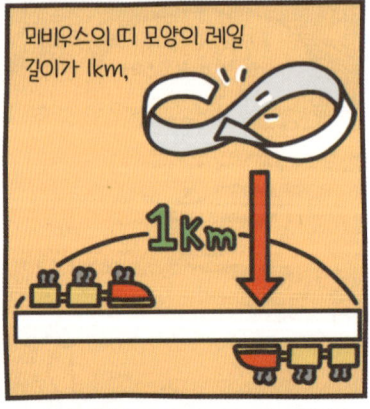
뫼비우스의 띠 모양의 레일 길이가 1km,

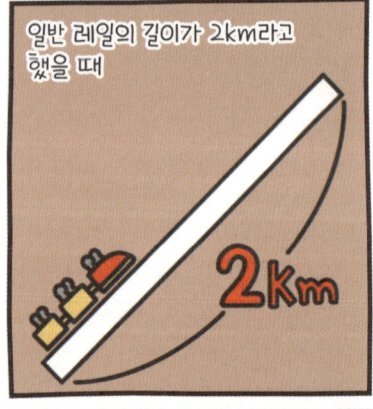
일반 레일의 길이가 2km라고 했을 때

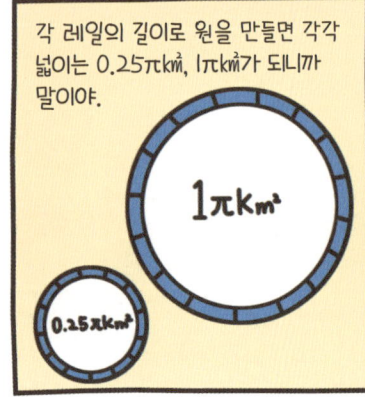
각 레일의 길이로 원을 만들면 각각 넓이는 0.25πkm², 1πkm²가 되니까 말이야.

이 말인즉슨, 같은 길이의 롤러코스터라도 공간을 덜 차지한다는 거지.

안 그래도 롤러코스터는 커다란데, 뫼비우스의 띠가 아니었다면 얼마나 컸을지! 상상만 해도 끔찍해!
내 말이!

Question 42
클래식 공연장은 왜 이런 모양일까?

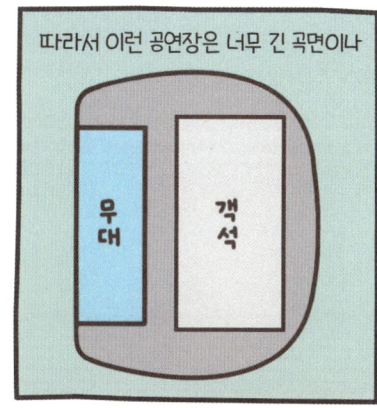
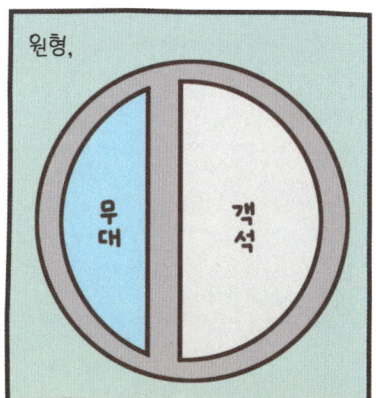
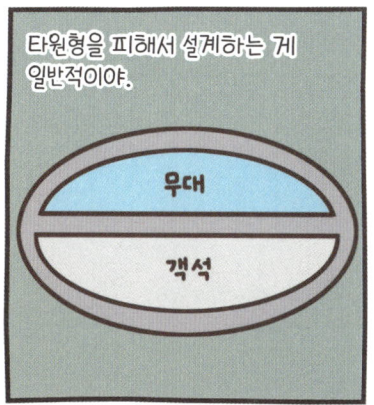

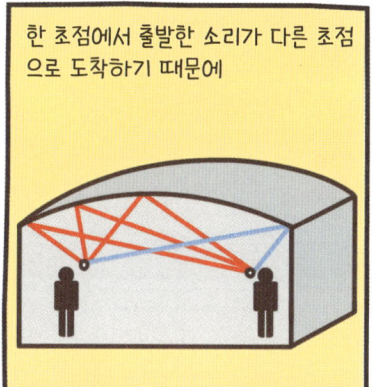

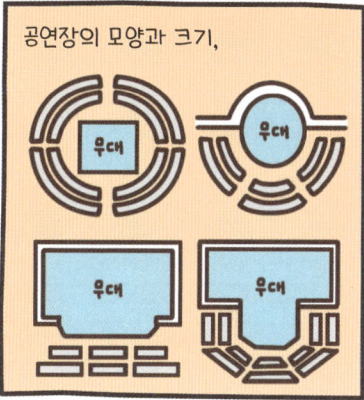

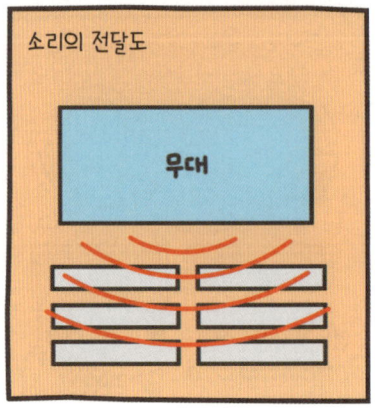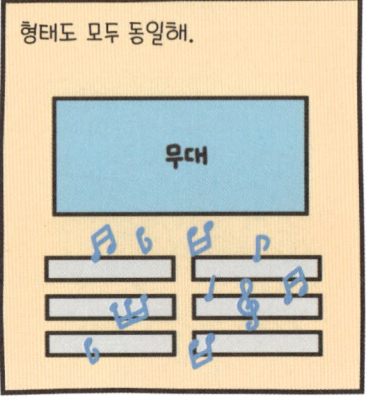

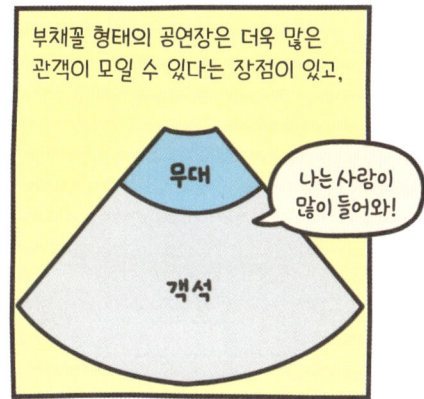

Question 43
자동차 앞쪽 철판은 왜 격자 모양일까?

Question 44
피아노 건반은 왜 이런 모양일까?

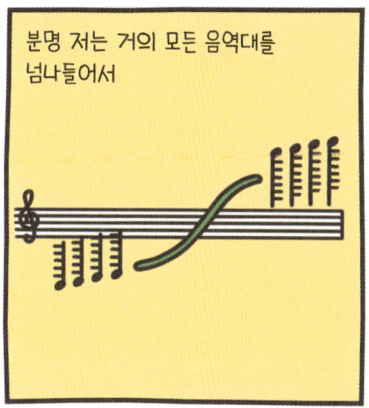

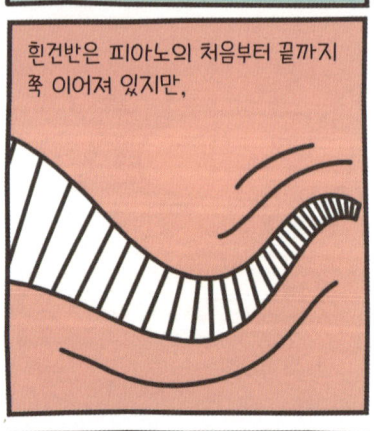
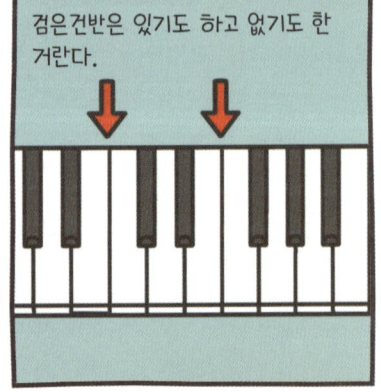

Question 45
타이어는 왜 홈이 파여 있을까?

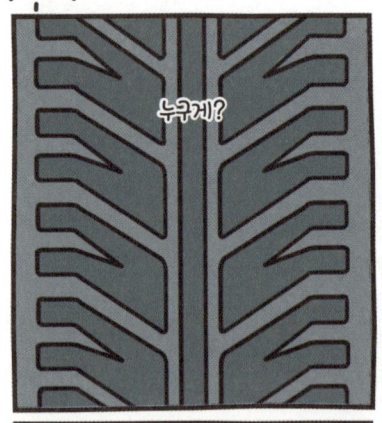

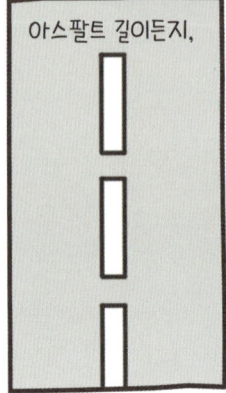
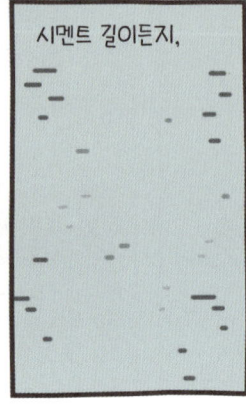

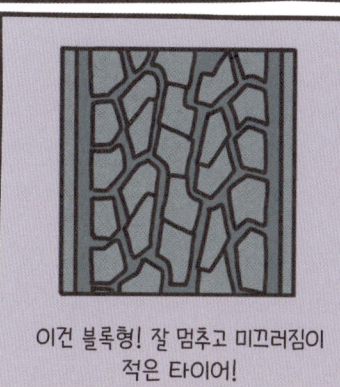

Question 46
비행기 날개는 왜 다양할까?

비행기라고 하면 이런 여객기를 가장 먼저 떠올릴 거야.

구우우우-

하지만 이런 전투기도 있고,

이런 경비행기도 있어.

같은 비행기인데 왜 날개 모양이 다른 걸까?

꼬리 날개의 생김새는 대부분 비슷한 데도 말이야.

후후후, 그 이유는 목적에 있다는 사실!

수십 년 전에야 엔진의 힘이 약해서

날개를 두 개, 세 개 달아 날기에 급급했지만,

오늘날에는 사람들이 평범하게 비행기를 타곤 해. 나는 데는 아무런 문제가 없으니, 비행기의 목적에 맞게 날개가 개선된 거야!

직사각형 날개	
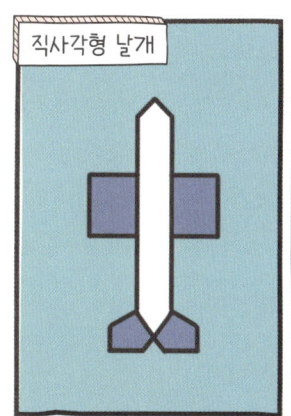	만들기 쉽고 날개 모든 부분에서 나는 힘이 고르게 생겨 천천히 날아도 떨어지지 않아. 대신 공기의 저항이 심해서 빠르게 날 수가 없어. 무리해서 빠르게 날면 날개가 부러져버렸지.
타원형 날개	
	직사각형 날개의 단점을 보완해서 더 좋게 고친 날개! 날개 끝으로 갈수록 좁아지면서 끝은 둥글게 되어있어. 비행기가 빠르게 나는 걸 방해하는 공기의 저항은 주로 날개 끝에서 많이 생기는데, 이 부분을 둥글게 처리해서 공기 저항을 줄인 거야.
테이퍼형 날개	
	직사각형 날개와 타원형 날개를 적당히 섞은 날개야. 직사각형의 날개가 끝으로 갈수록 좁아지는 모양이야. 느린 속도와 중간 속도 모두에 강하고 방향 전환이나 비행안정성도 높아.
삼각형 날개	
	삼각형 날개는 초음속으로 날아가기 좋은 날개! 날개와 비행기 몸체를 붙여서 날개를 아주 튼튼하게 만든 거야. 그만큼 비행기 중에 나는 힘이 제일 안 좋아서 날기도 힘들고 착륙도 힘들어. 위험하지!

후퇴익

후퇴익은 나는 힘이 부족해. 날아오르려면 무척 빠른 속도가 필요하지. 대신 음속에 가까운 빠른 속도에서는 어느 모양의 날개보다 좋다는 장점이 있어.

전진익

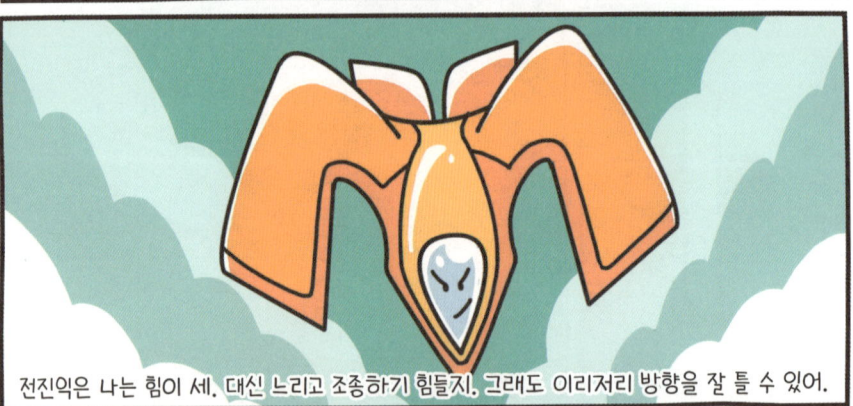

전진익은 나는 힘이 세. 대신 느리고 조종하기 힘들지. 그래도 이리저리 방향을 잘 틀 수 있어.

가변익

삼각형 날개와 후퇴익의 장점을 동시에 활용하기 위해 만들어진 날개 모양이야. 날개를 움직여서 삼각형 날개와 후퇴익을 만들어낼 수 있어. 여러 상황에서 쓸 수 있어서 좋지만, 가변익은 구조가 복잡해서 돈이 짱 많이 들어가! 더구나 날개를 움직이는 장치가 들어가야 되서 무게도 무거워지지!

봤으니 알겠지만, 비행기 날개는 뭔가 하나 좋아지면 뭔가 하나 나빠져.

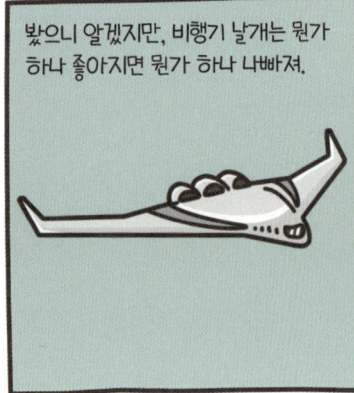

나쁜 점은 최대한 적게! 좋은 점은 최대한 많게! 그런 날개를 만들기 위해서 과학자들은 노력을 거듭하고 있지.

알고 보면 우리와 친한 것 같았던 비행기도 굉장히 복잡하다니까?

Question 47
돈은 왜 이런 모양일까?

세종대왕,

버팔로,

스핑크스,

고딕 양식.

잘 보면 공통점을 알 수 있을 거야.

바로 돈에 들어간 그림이지!

돈에는 나라를 대표하는 사람이나

동물,

유물,

건축물 등이 그려져 있어.

지폐뿐만이 아니라 동전도 그래.

그런데 돈에 그림을 그려 넣을 필요가 있을까?

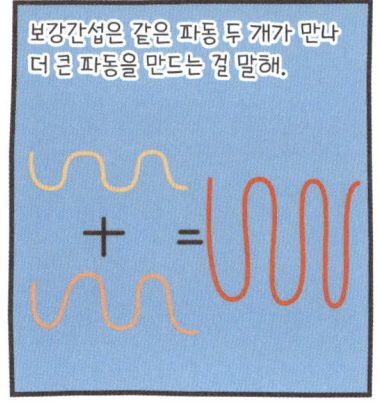

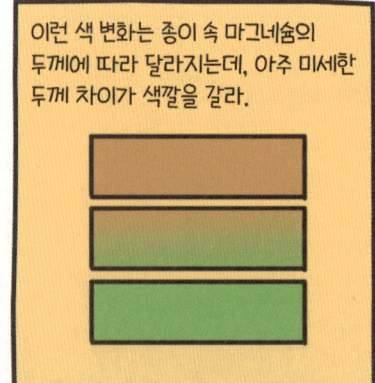

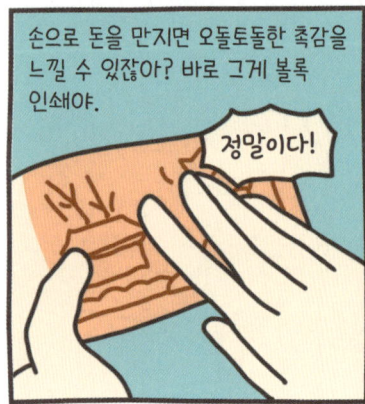

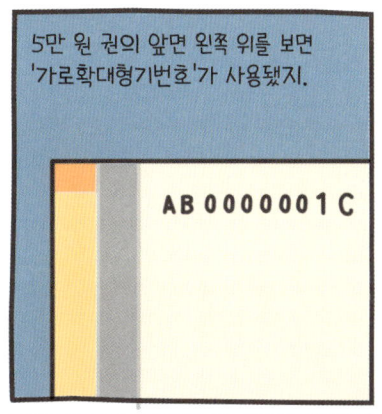

5만 원 권의 앞면 왼쪽 위를 보면 '가로확대형기번호'가 사용됐지.

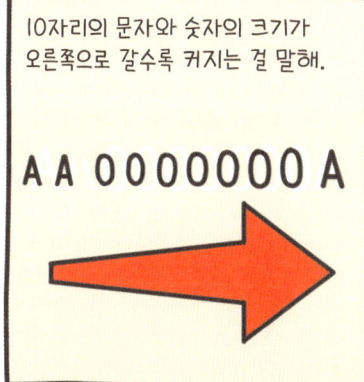

10자리의 문자와 숫자의 크기가 오른쪽으로 갈수록 커지는 걸 말해.

신사임당의 목 부분에는 미세글자가 적혀 있어.

확대경을 이용하여 한글 자음 및 'BANK OF KOREA', '50000' 등의 글자와 숫자를 찾아볼 수 있지.

신사임당 오른편의 무늬에는 '요판잠상'이라는 특수 볼록 인쇄 기법이 들어가 있어.

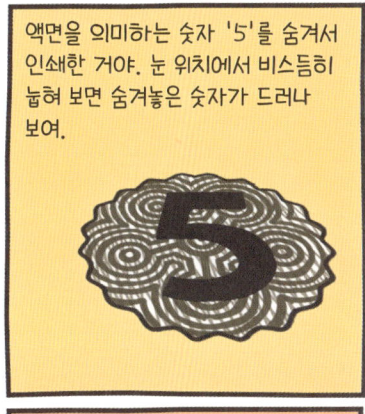

액면을 의미하는 숫자 '5'를 숨겨서 인쇄한 거야. 눈 위치에서 비스듬히 눕혀 보면 숨겨놓은 숫자가 드러나 보여.

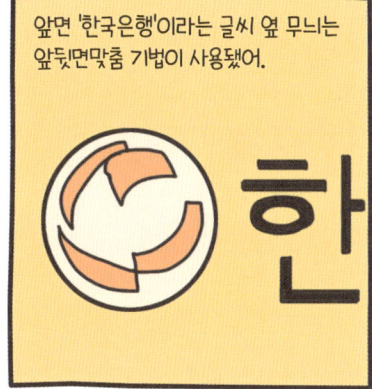

앞면 '한국은행'이라는 글씨 옆 무늬는 앞뒷면맞춤 기법이 사용됐어.

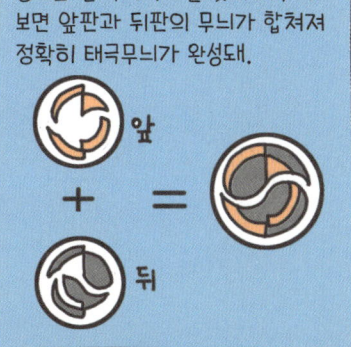

동그란 원 속의 무늬를 빛에 비추어 보면 앞판과 뒤판의 무늬가 합쳐져 정확히 태극무늬가 완성돼.

앞면의 잎사귀에는 형광 잉크와 은사가 쓰였어.

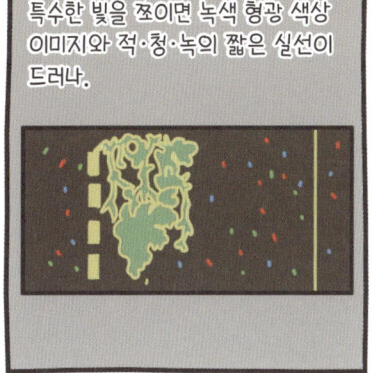

특수한 빛을 쪼이면 녹색 형광 색상 이미지와 적·청·녹의 짧은 실선이 드러나.

자, 이제 뒷면이야.

뒷면의 상단에는 엔들리스 무늬가 들어가 있어.

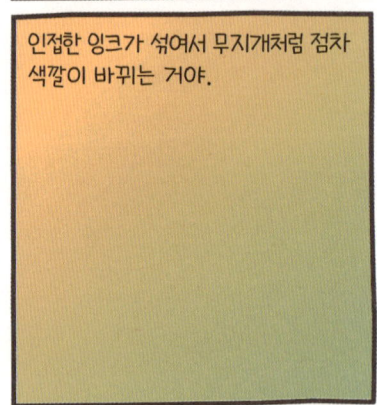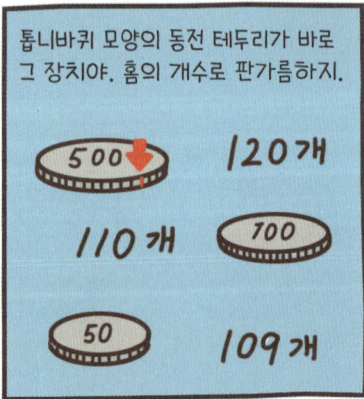

Question 48
거미집은 왜 바큇살 모양일까?

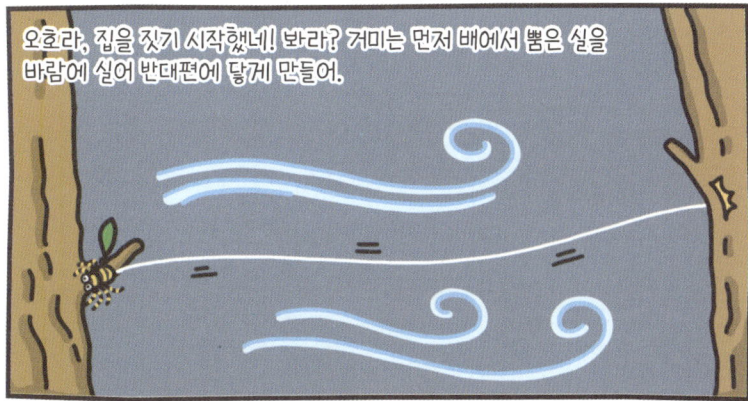
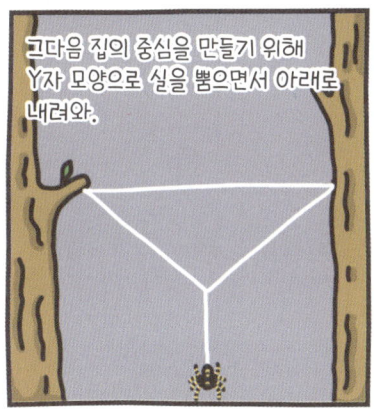

Question 49
비행기 창문은 왜 둥그럴까?

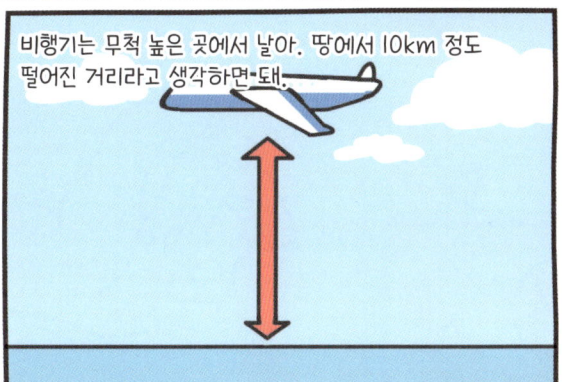

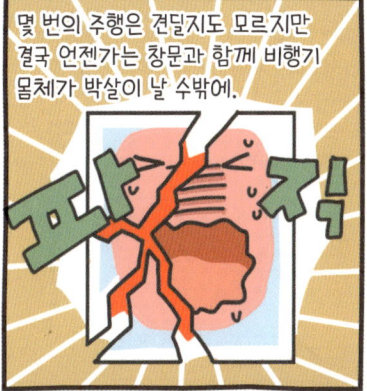

Question 50
라이터에는 왜 칸막이가 있을까?

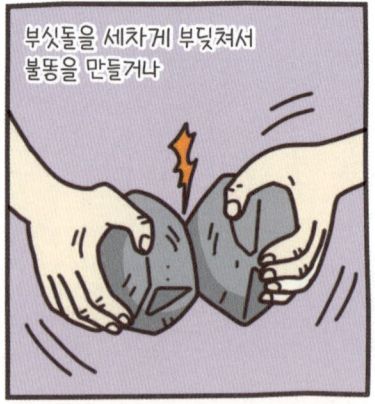

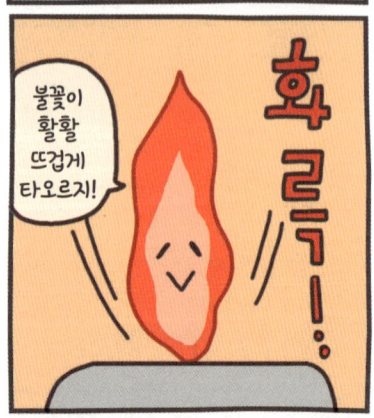

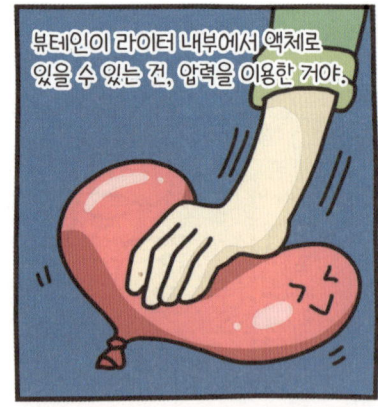

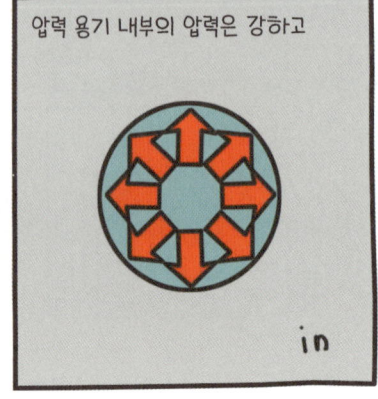
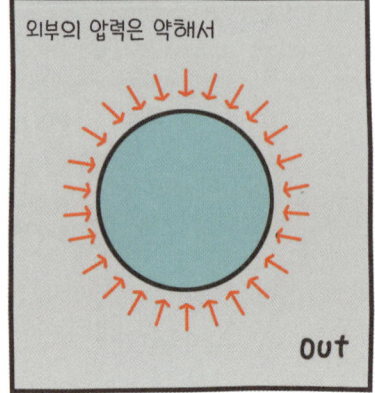

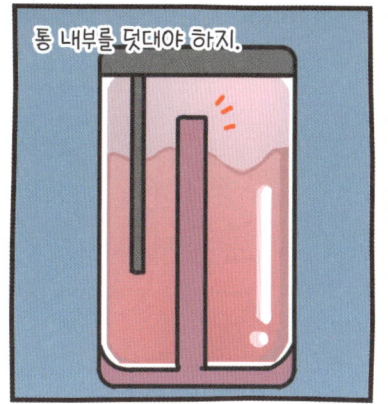

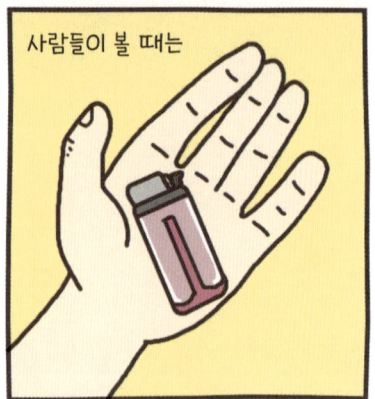

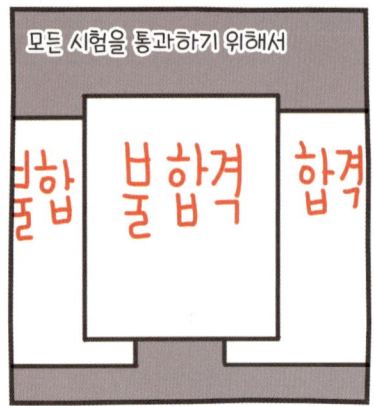

Question 51
연탄에는 왜 구멍이 나 있을까?

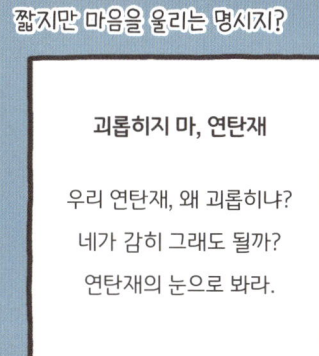

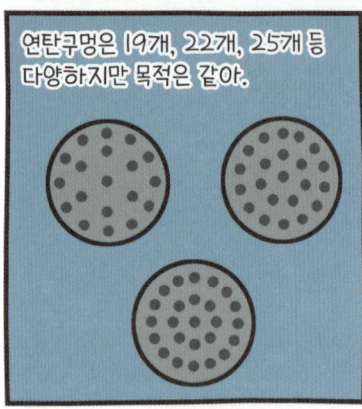

Question 52
전자레인지는 왜 빙글빙글 돌아갈까?

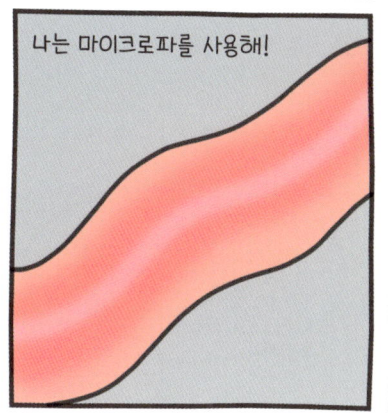

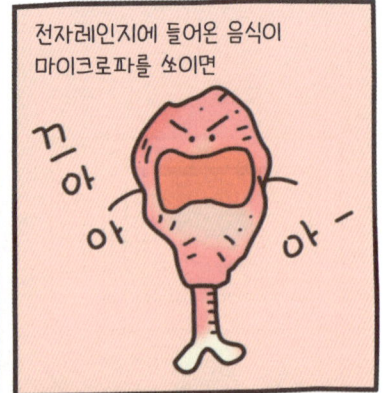

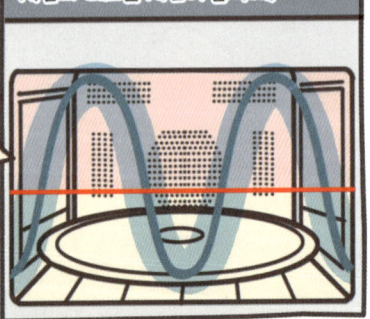

Question 53
열차인데 왜 바퀴가 없을까?

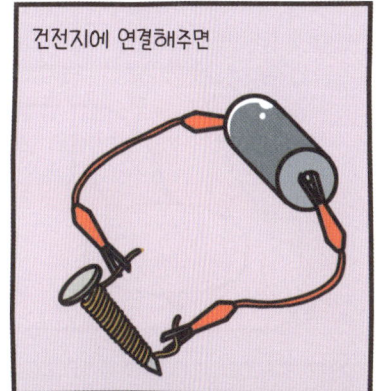
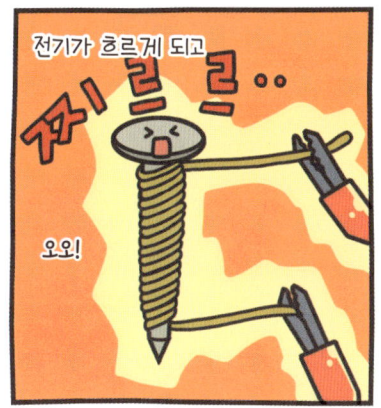

Question 54
소는 왜 코에 동그란 코걸이를 했을까?

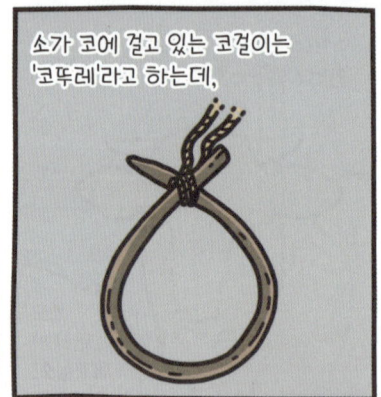

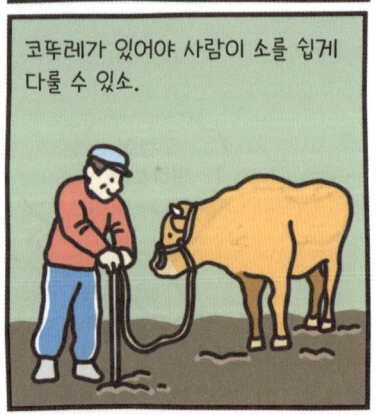

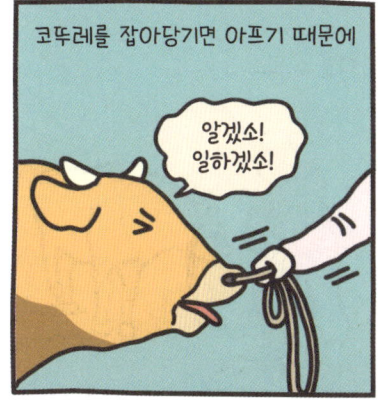

Question 55
현무암은 왜 구멍이 송송 뚫렸을까?

Question 56
별은 왜 동그랄까?

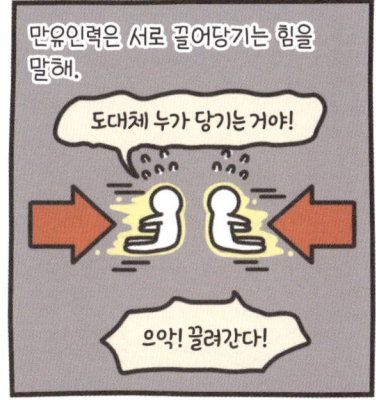

Question 57
전기차 배터리는 왜 모양이 다양할까?

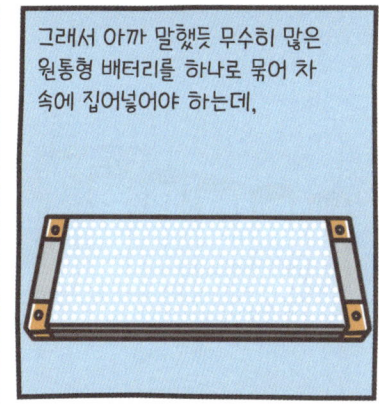

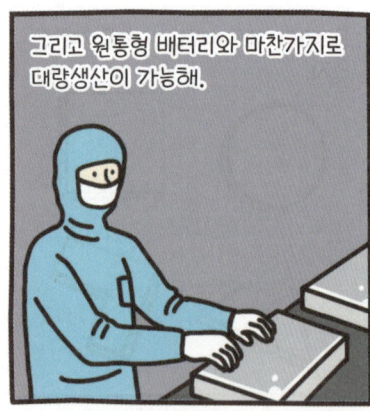

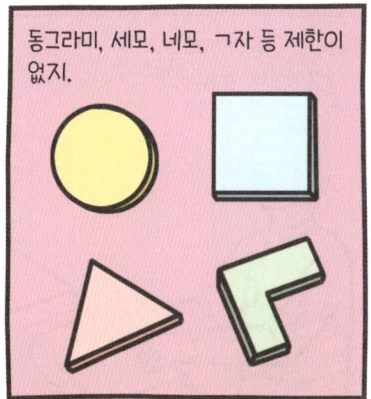
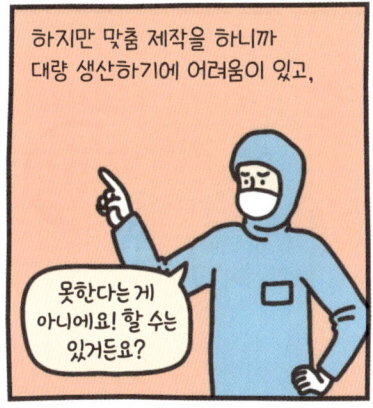

MEMO

왜 이런 모양일까? 2

1판 2쇄 2022년 1월 1일

저 자	올드스테어즈 편집부
펴 낸 곳	OLD STAIRS
출판 등록	2008년 1월 10일 제313-2010-284호
이 메 일	oldstairs@daum.net

가격은 뒷면 표지 참조
979-11-91156-29-4

이 책의 전부 또는 일부를 재사용하려면 반드시 OLD STAIRS의 동의를 받아야 합니다.
잘못 만들어진 책은 구매하신 서점에서 교환하여 드립니다.

공통안전기준 표시사항

- **품명** : 도서 · **재질** : 지류
- **제조자명** : Oldstairs · **제조국명** : 대한민국
- **제조연월** : 2022년 1월
- **주소** : 서울특별시 마포구 양화로12길 24, 4층
- **KC인증유형** : 공급자적합성확인

KC마크는 이 제품이 공통안전기준에 적합하였음을 의미합니다.
책 모서리에 찍히거나 책장에 베이지 않게 조심하세요.